DIE AMSTERDAMER BÖRSE

VOR ZWEI HUNDERT JAHREN.

EIN BEITRAG

ZUR

GESCHICHTE DER POLITIK UND DES BÖRSENWESENS

IM MITTLEREN EUROPA.

(1672—1673).

NACH DEN AKTEN DES WIENER STAATS-ARCHIVES

VON

Dr. JULIUS GROSSMANN,
Geh. Archivar am Königlichen Haus-Archiv in Berlin.

Springer-Science+Business Media, B.V.

1876.

ISBN 978-94-017-5811-6 ISBN 978-94-017-6246-5 (eBook)
DOI 10.1007/978-94-017-6246-5

Softcover reprint of the hardcover 1st edition 1995

VORWORT.

Als ich im Winter von 1871 zu 1872 in Wien die Akten des K. K. Staats-Archives zu einer Untersuchung über die kaiserliche Politik in jener Ruhepause vom Frieden zu Breda bis zum Ausbruch des Holländisch-Französischen Krieges durchforschte, wurde mein Interesse fast ausschliesslich von den Berichten des kaiserlichen Gesandten Franz von Lisola im Haag in Anspruch genommen — eines Mannes, dessen hervorragende Persönlichkeit und ausserordentliche Thätigkeit in jener Epoche ich an andrer Stelle bereits ausführlich beleuchtet habe. [1]

Man kann sich kaum vollständigere und in die innersten Verhältnisse eines Staates eingehendere Relationen eines Ge-

[1] J. Grossmann: „Der Kaiserliche Gesandte Franz von Lisola im Haag 1672—1673" im Arch. für Osterreich. Gesch. Bd. 51. Wien 1873.

sandten denken, als sie von Lisola vom Haag aus dem kaiserlichen Hofe in Wien übermittelt wurden. Alles hat für diesen Gesandten Bedeutung; aus Allem sucht er für seine Pläne Kapital zu schlagen.

Die kaiserliche Politik hatte sich damals — im Jahre 1672 — nicht zum wenigsten durch Lisola's eifriges Machiniren dahin entwickelt, dass derselbe den Auftrag erhielt, ein Bündniss zwischen dem Kaiser und der bereits dem Untergange nahe gebrachten Republik Holland zu verhandeln, dessen Endzweck für den Kaiser der Empfang dauernder Subsidien war: die pecuniäre Ertragsfähigkeit Hollands trat damit in den Vordergrund aller politischen Combinationen.

Da zeigte sich denn sogleich, dass diese von Europa für unerschöpflich gehaltene Geldquelle doch nicht so ganz unversiegbar war. Schon die gleichzeitigen Geschichtsschreiber haben diesen Punkt: die Aufbringung des Geldes für alle die furchtbaren Kriegsausgaben nicht ganz übersehen. Sowol Valkenier als auch Wicquefort, Silvius und der Hollandsche Merkurius sprechen von den Bemühungen der Holländischen Regierung zur Entdeckung ergiebiger Quellen für alle Ausgaben; aber sie deuten dergleichen Absichten und Vorschläge nur an, berichten auch wohl von dem einen oder andern Plane, dass er sich als chimärisch oder unmöglich erwiesen habe; aber was schliesslich ausführbar gewesen und wirklich geschehen war, darüber geben sie keine Auskunft.

Da erhalten wir denn von Lisola, welcher im Interesse seiner Regierung den Holländischen Staat grade von dieser Seite genau zu untersuchen hatte, den gewünschten Ausschluss. Er erörtert in seinen Relationen auf das Eingehendste die von der

Holländischen Regierung gebotenen Zahlungsmittel, macht dem Kaiser Vorschläge darüber und betheiligt sich selbst an Finanzoperationen. Indem er diese dem Kaiser genau beschreibt, erhalten wir Auskunft über den Ursprung der ungeheuren Geldmittel, über welche Holland damals verfügen musste, wollte es der rohen Gewalt des Feindes nicht erliegen: der staatliche Credit entwickelte sich; ihm entnahm Holland jene Summen zur Kriegführung und zur Gewinnung der Bundesgenossen. Die von Holland ausgegebenen Staatsschuldscheine wurden Europäisches Zahlungsmittel. Indem man dann diese Holländischen Staatsobligationen gegen baar Geld verwechseln wollte, zeigte sich, dass sie unter so veränderten Staatsverhältnissen den ganzen Wert nicht haben konnten, den sie nominell haben sollten; er schwankte in der Hand des Besitzers — fluctuirend innerhalb weniger Tage.

Während man gewöhnt ist, unser heutiges Börsenwesen für etwas durchaus modernes zu halten, berührt es eigentümlich, in den Gesandtschaftsberichten der zweiten Hälfte des 17. Jahrhunderts bereits unter den wichtigsten Nachrichten Coursberichte zu finden, den Stand der Course als Beweggrund politischen Handelns anführen, die Ursachen für das Steigen und Fallen derselben erörtern und die daraus zu entnehmenden Schlüsse entwickeln zu hören: es veranlasste mich, diese Wechselbeziehungen zwischen den Holländischen Geldverhältnissen und den allgemeinen Begebenheiten in jener Epoche an der Hand der Berichte Lisola's in der folgenden Darstellung einmal genauer zu untersuchen. Wir werden darin die Erklärung für manchen bisher dunklen Punkt in der Politik jener Tage finden. —

Auch diese Gelegenheit kann ich nur mit Vergnügen ergreifen, den sämmtlichen Herren Beamten der Wiener Archive für ihre so ausserordentlich liebenswürdige Unterstützung meiner Forschungen meinen herzlichsten Dank zu sagen.

Der Verfasser.

Berlin im December 1875.

Einleitung.

Es dürfte vielleicht kaum möglich sein, den Zeitpunkt genau zu bestimmen, in welchem der Börsenhandel im heutigen Sinne d. h. der Handel mit Wertanweisungen mit — Wertpapieren seinen Anfang genommen hat. Allerdings setzt ein solcher eine bis zur Vollendung gediehene Entwicklung des Geldwesens, und dieses wiederum einen lebhaften und weitverbreiteten Handel voraus; aber weder die Masse von Wertpapieren noch die weite Verbreitung des Handels genügten allein, um den Handel mit ersteren als eine besondere Art des Handels aufkommen zu lassen. Man kannte die Wechselbriefe und Wertanweisungen schon seit Jahrhunderten; man kaufte und verkaufte dieselben; man hatte bereits Aktiengesellschaften, Aktien und Banken, ohne dass Wertpapiere eine andre als rein kaufmännische Bedeutung erlangt und gehabt hatten. Ganz besondere Verhältnisse gehörten dazu, diese Bedeutung über den engen kaufmännischen Kreis hinaus zu einer allgemeineren zu erweitern: Es versteht sich von selbst, dass sich diese Entwicklung im nördlichen Europa zuerst in Holland vollzog. —

Durch ihre Verbindung mit Spanien waren die Niederländer zuerst von den Schiffahrt treibenden Nationen Europas auf den Oceanischen Handel hingewiesen worden. Sie holten die Indischen Waaren aus Lissabon [1] dem Europäischen Centralpunkte des Indischen Handels. Erst als sie zum Abfall von Spanien ge-

[1] Bekanntlich war Portugal durch Philipp II mit Spanien vereinigt worden. —

zwungen und der Handel mit Spanien ihnen entzogen worden war, kamen sie auf die Idee, sich die Indischen Waaren an der Quelle zu holen. Die Ost- und die Westindische Compagnie bildeten sich und blühten schnell empor; sie versorgten fast das ganze Festland Europas mit den überseeischen Waaren. Alle Seehäfen waren von den Holländischen Schiffen erfüllt; und den Rhein, die Elbe und Weser hinauf gingen die Indischen Producte nach den Hinterländern. Unermessliche Reichtümer strömten in Holland zusammen: es wurde die erste Handels- und Geldmacht Europas. Wer bedeutende Capitalien zu irgend einer Unternehmung aufnehmen musste, bekam sie nur in Holland. «Europa kann der Holländer Geld nicht entbehren» — erklärte der Kaiser im Jahre 1672 [1], als er auch seinerseits daran dachte, ihre Geldmittel in Anspruch zu nehmen. — Die Indischen Compagnien waren wohl die ersten Aktien-Unternehmungen des modernen Europa. Da es für den Einzelnen Schwierigkeiten haben mochte, die grossen Capitalien für jene risquanten überseeischen Unternehmungen aufzubringen, vereinigte sich eine Anzahl Kaufleute dazu, von denen Jeder eine bestimmte Summe — 3000 Gulden — beisteuerte und dafür eine «Aktie» erhielt. Am Ende des Abrechnungsjahres erhielt der Besitzer derselben einen Gewinnantheil, der je nach den Erträgen des Handels der Compagnie natürlich bald grösser bald geringer war. Er variirte vom Jahre 1615 bis 1672 von $12\frac{1}{2}$ bis $62\frac{1}{2}$ %. Damit schwankte natürlich auch der Wert der Aktie: ein Aktienhandel war nun von selbst gegeben. Wer ein Steigen der Dividende erwartete, suchte Aktien zu kaufen; wer ihr Fallen befürchtete, suchte zu verkaufen. Es gab Börsenmakler in Amsterdam, die sich eigens hiermit beschäftigten. [2]

Es bedurfte nun keines weiteren Anstosses mehr, um dieses Aktienwesen auch auf andere und ähnliche Verhältnisse zu über-

[1] Relatio Conferentiæ des Geh. Rathes d. d. Wien, den 13 Oct. 1672. —

[2] L'Espinc, Den Koophandel van Amsterdam. Amsterdam 1715. S. 416. 417. —

tragen. Ich weiss nicht, wann zuerst man in Holland «Staatsobligationen» — obligationes, assignationes, actiones, apochæ [1] — ausgegeben haben mag: In der Zeit, um welche es sich hier handelt, waren sie eine längst bekannte Sache. Der Staat stellte in Zahlungsfällen Staatsschuldscheine aus, zahlte dem Inhaber 4°/₀ Zinsen — da er begreiflicherweise Dividenden nicht geben konnte — und wies denselben zur endlichen Einlösung an bestimmte Kassen. Zwar standen diese Aktien, — wenn wir den Berichten des kaiserlichen Gesandten im Haag, Franz von Lisola, glauben dürfen, — infolge der blühenden Finanzen Hollands immer nahezu al pari; gleichwol aber scheint ein lebhafter Handel mit ihnen getrieben worden zu sein: den Kaufleuten war nichts bequemer als diese Art von Papiergeld. Die Obligationen wurden von ihnen «wetteifernd» [2] gekauft. Es verlohnte sich sogar, auf den Kauf derselben eine Steuer [3] zu legen — vielleicht die erste Börsensteuer der modernen Welt.

Der Wert dieser Obligationen beruhte offenbar auf dem allgemeinen Vertrauen, dass der Staat jeden Augenblick im Stande war, seinen Zahlungsverbindlichkeiten zu genügen. Wie stand es aber damit, wenn infolge irgendwelcher Ereignisse ein Zweifel an seiner Zahlungsfähigkeit entstehen konnte? — Ein solcher Fall trat — vielleicht zum ersten Male — im Jahre 1672 ein bei dem unerwartet schnellen Ueberfalle Hollands durch die Franzosen. Es ist eigentümlich, in welcher Weise dieses Geldwesen sich nun mit den allgemeinen Begebenheiten abzufinden suchte und abfinden musste — Impulse empfangend und gebend, wie es nicht anders sein konnte.

---

[1] So werden diese Wertanweisungen abwechselnd in den Relationen der Gesandten genannt. —

[2] Relat. des Lisola d.d. Haag d. 24 Nov. 1672: circa quod notandum est, quod assignationes et apochæ Statuum pacificis temporibus instar sunt paratæ pecuniæ immo certatim emuntur a negotiatoribus etc. —

[3] Rel. desselben d.d. Haag, den 15 Dec. 1672. —

Politische Lage Europas vor der Katastrophe vom Juni 1672.

Hatte der Handel der Holländer allmählich den Europäischen Continent fast gänzlich durchdrungen, so konnte nicht fehlen, dass im Laufe der Zeit der Neid und die Feindschaft andrer Staaten wachgerufen wurde, welche sich durch diese Entwicklung des Handels Jener beeinträchtigt glaubten und ein Recht zu haben meinten, als handeltreibende Nationen auch neben den Holländern zu bestehen. Das waren nun vor allen andern merkwürdigerweise gerade diejenigen beiden Mächte, welche den Niederländern ehedem den Abfall von Spanien ermöglicht und erleichtert hatten — Frankreich und England.

Frankreich war aus dem dreiszigjährigen Kriege, welcher fast alle übrigen Staaten Europas ruinirt hatte, mit bedeutendem Gewinn an Macht und Ansehen hervorgegangen. Als die einzig einheitlich organisirte Macht in Europa stieg es unter ausgezeichneter Verwaltung immer mächtiger empor. Handel und Wandel belebten sich. Nach allen Seiten suchte es Absatz für seine Producte und — stiess überall — zunächst am Rhein — auf die Concurrenz seiner ehemaligen Schützlinge, der Holländer. So entstanden sehr bald kleine Differenzen in den Beziehungen der beiden Mächte; gegenseitige Handelsimposten oder gar Verbote folgten; aber die alte Freundschaft war doch noch zu fest begründet, als dass es bei einigem guten Willen nicht gelungen wäre, sich noch einmal — im Jahre 1662 — in einem besonderen Freundschaftsvertrage zu einigen, welcher die anscheinend widerstreitenden Interessen auszugleichen suchte und in der That auch bis zum Hinzutritt noch andrer, den König von

Frankreich tiefer als in seinem Handel verletzender, Momente — bis zum Jahre 1672 den Frieden erhielt.

England dagegen, welches noch mehr als Frankrich zu seinem Emporkommen auf den auswärtigen Handel angewiesen war, geriet sehr früh in Conflict mit seinem ehemaligen Schützling, welcher nach dem Frieden mit Spanien mächtig emporstrebend und von dem bisherigen Pietätsverhältnisz sich schnell emanipirend sogar in siegreichen Kriegen die Ansprüche Englands auf das dominium maris zurückwies. Auch in dem letzten Kriege — 1667 — hatte die Holländische Flotte wieder nicht nur die See behauptet, sondern vielmehr jenen kühnen Zug die Themse hinauf unternommen, welcher auch diesem Kriege wieder die entscheidende Wendung zu Gunsten Hollands gab, indem das noch verbündete Frankreich die andern Feinde desselben vom Reiche her niedergehalten hatte. Aber eben diese Weltlage sollte nun auch die Veranlassung zum Bruche der alten Freundschaft zwischen Holland und — Frankreich geben.

Frankreich nämlich, welches auf Grund jenes Vertrages von 1662 verpflichtet war, Holland in solchen Fällen der Not zu Hilfe zu eilen, benutzte die Gelegenheit dieser Hilfeleistung zum gewaltsamen Erwerb des Restes der Niederlande, welcher Spanien noch geblieben war, in jenem Devolutionskriege, welcher die Frage der spanischen Erbschaft, die von nun an die Europäische Politik mehr als ein halbes Jahrhundert beschäftigen sollte, in Anregung brachte. Die schnellen und leichten Erfolge, welche die Franzosen errangen, und die dazu angethan waren, Frankreich zum Herren der Schelde-und Maasmündungen und damit zum Nachbaren und gefährlichsten Handelsrivalen der Holländer zu machen, erweckten natürlich ein unüberwindliches Misstraun bei den Letzteren gegen ihren mächtigen und hilfreichen Freund und bewirkten — um diesem Bundesgenossen nicht noch mehr Anspruch auf Dankbarheit zu geben — die Beschleunigung des Friedens mit England zu Breda und demnächst sogar ein Bündniss — jene berühmte

Tripelalliance [1] — mit dieser Macht und Schweden, welche der öffentlichen Angabe nach — Spanien nötigen sollte, dem Könige von Frankreich gewisse, von demselben früher bezeichnete, Bedingungen — die sogenannte « Alternative » — zu bewilligen [2], thatsächlich aber den Französischen Erfolgen Grenzen setzen sollte. Aber dieses politische Schaukelsystem bekam den Holländern schlecht. Denn jene angebliche Beeinflussung Spaniens zu seinen Gunsten empfand König Ludwig sogleich als das, was es war, nämlich als Hinderung der gewünschten Erweiterung seiner Grenzen und vor allem Andern als eine ehrverletzende Bevormundung seines souverainen Willens, welche ihm um so kränkender war, als sie von denen kam, welche seiner Meinung nach der eben empfangenen Wohlthaten wegen ihm nur zur Dankbarkeit und Demut verpflichtet schienen. Sein königliches Bewusstsein wurde verletzt durch die Einsprache einer Republik, deren Existenz seine Vorfahren hatten mitgründen helfen, und die er selbst so eben noch vor dem Verderben bewahrt hatte; der alte Groll des absoluten Monarchen gegen diesen einzigen Freistaat des Continents — den Zufluchtsort aller Verfolgten; die religiöse Abneigung des allerchristlichsten Königs gegen den Hort der Reformirten: alles vereinigte sich nun zu einem Hass gegen diese ehemaligen Schützlinge Frankreichs, welcher durch keine Rücksichten auf alte Freundschaft mehr vermindert werden konnte. Wie so häufig wurden auch hier aus den besten Freunden die erbittertsten Feinde. Der Rachekrieg gegen diese hochmütigen Undankbaren ward beschlossen, und König Ludwig ging sogleich daran ihn umfassend einzuleiten, um mit wenigen Schlägen das nun tödtlich gehasste Holland für alle Zukunft unschädlich zu machen.

Nichts war nun leichter, als die einzige Allianz, welche den Holländern, wenn angegriffen, hätte Hilfe bringen können,

[1] Januar 1668. —

[2] König Ludwig hatte zweierlei Möglichkeiten seiner Befriedigung mit Theilen der Spanischen Niederlande angegeben, daher: Alternative. —

zu beseitigen und dieselben dadurch von vornherein zu isoliren — die Tripelalliance.

War König Karl von England nur mit dem äussersten Widerwillen und von augenblicklichen Umständen gezwungen diese Verbindung mit den hochmütigen Republikanern, seinen Besiegern, eingegangen, so war es ihm nicht schwer dieselbe aufzugeben, als sich eine andre bot, welche seinen Neigungen und seinem Nutzen mehr entsprach; und keine Alliance entsprach den katholischen und politischen Intentionen des Königs von England mehr, als die Verbindung mit dem Könige von Frankreich. Zum Katholicismus neigend hasste König Karl die reformirten Holländer kaum weniger, als der katholische König von Frankreich; in seinem Königlichen Stolze verletzt durch die letzten Siege der Holländischen Flotte und gelockt durch die Hoffnung, mit Hilfe Frankreichs nun doch diese verhasste Republik niederzukämpfen und aus ihren Spolien die Englische Seemacht zur herrschenden zu machen, ging er sehr schnell auf die Erbietungen Ludwigs ein und einigte sich schon im Sommer 1670 mit demselben zum Kampf gegen Holland — den gemeinsamen Schützling ihrer Vorfahren: die erste Militairmacht Europas vereinigte sich mit der — nach Holland — ersten Seemacht gegen die erste Handels- und Geldmacht der damaligen Welt.

Aber während man es an allen Höfen Europas im Herbst 1670 bereits für eine ausgemachte Sache hielt, dass der Krieg Frankreichs gegen die Holländer demnächst beginnen werde und gegenseitige Handelschikane die Feindseligkeiten bereits einleiteten, während die thätige Französische Politik die Holländer immer mehr isolirte und im November 1671 auch die dritte Macht der Tripelalliance — Schweden — für sich gewann, hielt man es im Haag weder für nötig, sich um Bundesgenossen zu bemühen, noch auch nur selbst kräftig zu rüsten. Der öffentliche Geist in Holland, von Parteien zerrissen, konnte sich zu patriotischer Einigung gegen einen Landesfeind, der noch nicht vor den Thoren der Städte war, nicht aufraffen. Während die «Löwensteinsche Faction» d. h. die kaufmännische Aristokratie mit de Wit an der Spitze nur die Behauptung ihrer augenblicklichen Herrschaft und die Alliance mit Frankreich unter allen Bedingungen — mit Opfern, sogar um den Preis der Ehre des Landes im Auge hatte, nur um Frieden und Ruhe zum Handel zu haben, wollte die Oranische Partei kräftige Rüstungen, Bündnisse mit dem Kaiser und den deutschen Fürsten und energisches Auftreten gegen Frankreich — in der Hoffnung, bei Gelegenheit der Errichtung einer Armee den jungen Prinzen von Oranien zum Generalkapitain und schliesslich zum Statthalter emporzubringen. Beide Parteien bekämpften sich heftig und hielten sich gegenseitig nieder; aber weder die eine noch die andre glaubte recht an den Ernst der Lage; sie konnten in ihrer angebornen kaufmännischen Anschauungsweise nicht glauben, dass König Ludwig nur aus Rache und nicht um Eroberungen zu machen Holland angreifen werde, und hielten es infolgedessen für unmöglich, dass der König von England sich dazu hergeben könnte, zu seinem eignen Schaden sich mit Frankreich zu ihrer Niederkämpfung zu verbinden. Und im Uebrigen theilten die Holländer selbst vor allen Andern die Meinung Europas von der «Unüberwindlichkeit der Oerter», der Masse und Festigkeit ihrer Festungen, an denen jeder Feind sich verbluten müsse. Für alle Notfälle aber meinte man, den Kaiser und die mächtigsten Reichsfürsten immer in Reserve zu haben, welche, da es auch in ihrem eigensten Interesse liege, eine Unterjochung der Niederlande nicht zuzugeben, sich dann schon von selbst als Bundesgenossen erbieten oder schlimmstenfalls für einige tausend Thaler zu gewinnen sein würden. Erklärte doch der Ratspensionair de Wit selbst in seinen «Staatsmaximen», dass Holland aller Alliancen entbehren könne! — Unter solchen Umständen und Verhältnissen machten die Rüstungen der Generalstaaten der drohenden Gefahr gegenüber noch äusserst geringe Fortschritte, während die Französische Armee sich bereits in den Ländern des Kurfürsten von Köln sammelte; und die Unterhandlungen Hollands mit dem Kurfürsten von Brandenburg kamen nur durch die grosse Nachgiebigkeit des Kurfürsten und unter dem Eindruck des schon beginnenden Krieges — im Mai 1672 — zu Stande. So fast wehrlos dem mächtigsten Feinde gegenüber — denn auch der Kurfürst hatte seine Armee noch bei weitem nicht beisammen — erfolgten jene furchtbaren Ereignisse des Juni 1672. In wenigen Tagen durchliefen die Franzosen das schlecht vertheidigte Land; drei Provinzen waren sogleich verloren; die übrigen konnten nur durch schnell bewirkte Ueberschwemmungen geschützt werden. Und war auch inzwischen die Holländische Flotte nicht unglücklich gegen die vereinigte Englisch-Französische, so war die Herrschaft über die See doch auch dahin; mit Mühe nnd Not erreichte die grade auf der Fahrt befindliche Indische Flotte der Holländer befreundete — Spanische Häfen. —

Die Zustände in Holland unmittelbar nach den ersten Niederlagen.

So war denn dieser Handelsstaat, welcher sich durch seine Betriebsamkeit und seinen Reichtum auch politisch so hoch erhoben hatte, über alle Erwartung schnell und jämmerlich zusammengebrochen. In Allem hatte man sich in Holland getäuscht: Das vielgerühmte und für unüberwindlich gehaltene Festungssystem war den Feinden ein Spott geworden; die Armee, welche man in den letzten Monaten noch eiligst zusammengerafft und zur Vertheidigung der festen Plätze in diese vertheilt hatte, war mit denselben verloren gegangen; und der König von England, dem man die Verbindung mit Frankreich gegen Holland als gegen sein eigenstes Interesse nicht zugetraut hatte, hatte noch vor seiner officiellen Kriegserklärung die Staatische Flotte angegriffen! Die eine Hälfte des Staates, der sich einst achtzig Jahre hindurch ruhmvoll gegen die furchtbare Macht Spaniens behauptet hatte, war nun durch einen Feldzug von wenigen Tagen in die Hände der Feinde geraten; die andre war nur mit genauer Not durch umfassende Unterwassersetzungen für den Augenblick noch gerettet worden!

Für den Augenblick! Denn da zur Zeit noch kein Helfer in Sicht war, so konnte Niemand die Franzosen hindern, in dem eroberten Theile des Landes bis zum Winter zu warten, um dann durch eine Promenade übers Eis auch noch den Rest mühelos zu erobern: Es kam darauf an, in dieser Galgenfrist Alles an Alles zu setzen, eine neue Armee aufzustellen, die im Stande war das Land zu vertheidigen, und Bundesgenossen zu gewinnen, welche den Feind vom Römischen Reiche her zum Abzuge zwingen konnten. [1] — Freilich begriff man diese Lage sogleich im Haag; aber um die Forderungen der Notwendigkeit erfüllen zu können, dazu gehörte hauptsächlich — Geld.

Man sollte nun meinen, dass grade hieran die Holländische Regierung am wenigsten Mangel gelitten habe; allein so leicht flüssig, wie man glauben sollte, war es doch nicht.

Petrus Valkenier, der wohl unterrichtete Verfasser des im Jahre 1677 zu Amsterdam erschienenen «Verwirrten Europa», berichtet [2], dass im Jahr 1643 das Einkommen der Staaten von Holland (Provinz) 11 Millionen oder 110 Tonnen Goldes betragen habe, ausser dem besonderen Einkommen der Städte und der andern sechs Provinzen; und das Einkommen der «Generalität» d. h. des Gesammtstaates belief sich auf 21 Millionen ausser demjenigen der «Admiralitäts-Herren.» «Wie sollte — fragt Valkenier — diese Summa seither nicht vergrössert worden sein durch die Vielheit der Menschen, des Kaufhandels und der Geldmittel?» Und in der That waren beim Ausbruch des Krieges 1672 die Schatzkammern der Generalstaaten wohl gefüllt. «Man rühmte in der Provinz Holland, dass man ein Kapital von 70 Tonnen Goldes zum Stichblatt im Vorrat hätte, welche in der äussersten Not könnten angegriffen werden, ausser den ordentlichen Mitteln, die bereits in den Landsrentkammern waren, und aus den alten gewöhn- und ungewöhnlichen neuen Geldmitteln, nämlich aus der Bezahlung und Capital-Geld-Leihung sowohl des

[1] Samson: Histoire de Guillaume III. Tome II pg. 324. Die Holl. Deputirten sagten zu den Kaiserlichen: Il ne se sera pas plutôt rendu maître de la Hollande, qu'il entrera en Allemagne. Si vous voulez prévenir ce malheur, vous n'avez pas de temps à perdre. Nous n'avons pas trois mois à subsister si l'on ne hâte extraordinairement le secours que nous demandons. Les eaux qui nous garantissent pour un temps de l'approche de l'ennemi ne nous sauveront pas toujours. L'hiver venu les François passeront sur les glaces, pour nous attaquer et si nous n'avons pû leur résister pendant que nos Provinces étaient florissantes, il n'y a guères d'apparence, que nous le puissions faire maintenant, qu'elles sont réduites aux abois. —

[2] Valkenier: Verwirrtes Europa pp. Bd. I, Thl. II, pg. 153. —

hundertsten als zweihundertsten Pfennigs, aus der Schatzung der unbeweglichen Güter und aller gerichtlichen und verpfändeten Briefe und Obligationen etc. aus dem Ansatz über Kutschen Wagen Pferde und Scheuten, von Weggeld und dergleichen mehr, wie auch von den Rentnern, von welchen man grosse Summen Geldes erhandelte und wegen der in Verwahrung gegebenen Güter (à deposito) aufnahm auf Kosten der Generalität, einer jeden Provinz ins besondere und fast aller Städte. Verschiedene Provinzen und Städte nahmen viel Gelds auf Leibrenten von den Bürgern in Holland und fürnehmlich in Amsterdam. Die Staaten von Holland zur Erleichterung des Einkaufs der Leibrenten gaben kraft eines Mandats den Fürstehern des Waisenhauses die Freiheit, dass sie Leibrenten auf das Land für der Waisen Güter kaufen möchten, welches sie sonsten von Rechtswegen nicht thun durften. Sie befohlen gleichfalls durch ein Mandat, dass das Land fünf für Hundert geniessen oder einen Stüber von einem jeden Gulden der unfesten Renten und Gefällen der Kapitalien zurück halten sollte.» [1]

Mit dem rapiden Verlust der Hälfte des Landes in der ersten Hälfte des Juni veränderten sich diese glänzenden Finanzverhältnisse sogleich in ihr Gegentheil. Die unermesslichen Einkünfte, welche die Holländische Regierung aus dem Welthandel zog, waren nun plötzlich und gänzlich — zu Lande durch die Franzosen, den Kurfürsten von Köln und den Bischof von Münster, zur See durch die Englisch-Französische Flotte brachgelegt worden. Aus dem Lande selbst kamen keine Intraden ein, da die eine Hälfte vom Feinde und ein grosser Theil der andern unter Wasser gesetzt war. Die Grundsteuer, welche sonst bedeutende Erträge einbrachte, blieb gänzlich aus [2];

[1] Valkenier: a. a. O. pg. 162. —

[2] Rel. des Lis. u. Krampr. d. d. Haag, den 21 Juli 1672: Illa autem jam non terra est amplius sed in undas conversa, ita ut ex contributionibus, quas juxta singula terrarum jugera privatis, quibusque indicta fuerant, ex quibus magna vis pecunia influere poterat in aerarium, nihil amplius percipi possit. Commercium vero maritimum penitus interclusum. — Samson IV pg. 25. —

und die Luxussteuern fielen bei den furchtbaren Verlusten, welche grade die Vermögenden zu erleiden hatten, von selbst hinweg. Jedermann in Holland war vor Schrecken sprach- und ratlos. «Die Handwerke stunden still; die Winkel- und Krämer-Laden waren zugethan; die Gerichtsbänke geschlossen; die Akademien und Schulen feierten.» «Ihrer Viele sandten ihre Weiber und Kinder mit ihren besten Schätzen nach England, Braband, Dänemark, Hamburg, Bremen, Emden, ja nach Frankreich selbst; ihrer Viele vergruben ihre Schätze in den Kellern, Brunnen und Gärten; Andre vermauerten sie etc.» [1] Die Land-Rente-Kammern waren schon nach den ersten Kriegswochen gänzlich erschöpft. [2] Bereits Ende Juni schlug de Groot vor, da man kein Silber mehr habe, die Truppen zu bezahlen, Papiergeld zu einem bestimmten Course auszugeben, wie man es einst in Nimwegen gemacht habe! [3] Zwar versuchte man es zur sofortigen Deckung der dringendsten Bedürfnisse noch einmal mit den Leibrenten, welche man zu bisher ungewöhnlichen Vorteilen anbot [4], und in der That wurden grosse Summen auf diese Weise erhoben; aber auch das sollte nichts helfen, denn man brachte nur ungeprägtes Metall nämlich die durch den unglücklichen Krieg entwerteten silbernen und goldnen Luxusartikel herbei. «Die Massa des ungemünzten Silbers und Golds trug man in Amsterdam mit grosser Menge für die gemeldte Capital-Lehnung herbei, woselbst Gold und Silber so hoch über den angesetzten Wert angenommen wurde, dass die Leute mehr als den Arbeitslohn daran zum Vortheil hatten, um dessen Nutzen willen viele Leute, die kein gearbeitetes Gold und Silber hatten, sotaniges für baar Geld an sich kauften und mit Nutzen in banco brachten.» [5] In Amsterdam selbst war keine Münze; und der

[1] Valkenier pg. 341. —
[2] Ebda. pg. 374. —
[3] Basnage: Annales des Provinces Unies. Tom. II. pg. 249. —
[4] Valkenier pg. 375. — Sylvius: Historien onses tijds pg. 380. —
[5] Valkenier a. a. O. pg. 375. —

Weg zu den nächsten in Dordrecht und Hoorn war theils der Feinde, theils der rebellirenden Bürger und Bauern wegen unsicher. Eine neue Münze musste erst gebaut werden.

Die klassificirte Einkommensteuer, welche der Ratspensionair von Holland in der Versammlung der Staaten vorschlug, erfuhr sogleich solchen allgemeinen Widerspruch, dass der Antragsteller seinen Vorschlag nach wenigen Tagen schon selbst zurückzog und nicht mehr davon sprach. Andre Finanzpläne erwiesen sich als ebenso chimärisch oder unausführbar. [1]

So blieb denn zur Bestreitung aller der ungeheuren Ausgaben, welche die Vertheidigung des Landes und die Erkaufung der Bundesgenossen augenblicklich erforderten — 10 Millionen Florenen monatlich [2] — nichts als — der Credit.

Aber bei wem konnte die nun halb verlorne erste Geldmacht Europas in ihrer äussersten Not Geld leihen? Der Londoner Geldmarkt war durch den Krieg verschlossen; die bedeutenderen Hansestädte im Reiche und die Italienischen Handels-Republiken würden — wenn sie überhaupt erkleckliche Summen hätten aufbringen können — dieselben im Hinblick auf die verzweifelte Lage der Schuldner nur zu unerschwinglichen Zinsen hergegeben haben: Es war ein Glück für Holland, dass Geld im eignen Lande noch in Masse bei Privaten vorhanden war. Ungeheure Kapitalien mussten infolge des unmöglich gewordenen Waarenhandels unthätig bei den grossen Kaufleuten daliegen. [3] Es han-

---

[1] Nach Wicquefort: Histoire des Provinces Unies IV. pg. 456 (Ausgabe von Chais van Buren, Amsterdam 1874) berechnete man den Ertrag dieser Steuer auf jährlich 32.850.000 fl ohne die Summen, welche man von den Indischen Compagnien ziehen zu können glaubte. Mais comme c'estoit une affaire de longue discussion, dont les suppositions n'estoient pas infaillibles, et que le Conseiller Pensionnaire, qui estoit celui de toute la Province, qui entendoit le mieux ses finances, sortit de son employ quelques jours après, il n'en fut plus parlé cette année non plus que de plusieurs propositions chimériques, que quelques visionaires firent en ce temps. —

[2] Hollandsche Mercurius von 1672 pg. 216. —

[3] Valkenier a. a. O. pg. 153: „Gesetzt, dass dieses jährliche Einkommen (der Generalstaaten) zur Vertheidigung nicht genug sein sollte, was für grosse Geldsummen könnte man nicht haben aus den Mitteln der besonderen Kaufleute, welche an

delte sich nur darum, auf welche Weise dieselben flüssig zu machen waren.

Es lag wohl im Interesse nicht nur eines jeden Holländischen Patrioten im Allgemeinen, sondern auch jedes Kaufmannes im Besonderen, den halb verlorenen Staat wieder in eine Verfassung zu bringen, in der man leben konnte. Es war klar, dass, wenn man den Staat jetzt im Stiche liess, man sich selbst aufgab. So war denn auch die Form für die Flüssigmachung des Geldes sehr bald gefunden: Hatte der Staat vordem die «Obligationen» vielleicht mehr aus Gründen der Bequemlichkeit ausgestellt, so lag es nahe, diese Form der Geldaufnahme nun aus Notwendigkeit anzuwenden; und andrerseits — hatte jeder Kaufmann das Interesse, sein Geld, welches er zur Zeit für den Handel nicht verwenden konnte, wenigstens auf mässige Zinsen anzulegen: Patriotismus und Interesse verbanden sich, dem Staate die notwendigen Geldsummen zu verschaffen. Die Obligationen wurden das Bindemittel zwischen Volk und Regierung, für das Land wieder eine gedeihliche Zukunft herbeizuführen. —

Vorerst war es freilich überaus schwierig, den Wert der vom Staat gebotenen Schuldscheine auch nur mit entferntester Sicherheit zu bestimmen. „Die Obligationes, welche auf dem Lande lagen, kamen [1] — Anfang Juli 1672 — auf 30 pro Cento, ja auf eine geringere Summe; die Ost-Indische Briefschaften, welche zuvor für 572 Gulden verkauft waren, wurden feil geboten für 250 Gulden oder 100 Reichsthaler; das Bankgeld, welches zuvor 5 pro Cento oft mehr galt als das Cassa-Geld, wurde nun 4 à 5 pro Cento geringer verkauft, als das

Reichtum und Vielheit keinem Lande in der Welt weichen? Wann die Schätze der Gebühr nach und fruchtbarlich angewandt würden, was sollte man nicht damit ausrichten können zur Beschützung der Kirche Gottes und der Freiheit?" — Der Hollandsche Mercurius von 1673 pag. 5 berichtet, dass in Holland (Provinz) allein 65500 Kapitalisten waren „in der Staten Quohieren geschat ad 2, 4, 6, 10, 20 en 80.000 Gulden." —

[1] Valkenier a. a. O. pg. 341. —

Cassa-Geld" etc. „Auf eine fliegende Zeitung, wie nämlich der Prinz von Orange mit einigen Tausend Mann in Utrecht gezogen wäre [1], um die Stadt aufs äusserste zu defendiren, die Bürger daselbst auch anzufrischen und die Ausgewichene wieder herbeizurufen bei Verlust ihres Bürgerrechtes und Confiscation aller ihrer Güter, veränderte sich die Bestürzung in Holland an einigen Orten so geschwind, dass die Land-Obligationes wieder auf 92 bis 93, die Ost-Indischen auf 340 und das Bankgeld auf 2 pro Cento gesetzet wurden, welches nicht länger währte, bis die Unwahrheit des gemeldten Gerüchts zum Vorschein kam. Denn hierauf veränderte sich die gemeine Herzhaftigkeit wieder in einen solchen allgemeinen Schrecken, dass beinahe Niemand davon frei blieb, als nur einige Römischgesinnte, welche dem König von Frankreich als ihrem Heiland entgegen sahen." [2] Wer konnte nach dem über alle Beschreibung schimpflichen Zusammenbruche des Staates sagen, ob derselbe überhaupt noch einmal im Stande sein werde, aus dieser tiefsten Not aufzutauchen; und wenn das, ob er den Frieden nicht mit so furchtbaren Bedingungen würde erkaufen müssen, dass eine Ordnung der Finanzen resp. die Einlösung der ausgegebenen Obligationen vielleicht für alle Zeiten unmöglich gemacht wurde? [3] Unter den Friedensbedingungen, welche der König von Frankreich Ende Juni den Holländern zukommen liess, war gleich die erste eine den Indischen Handel [4] — die Hauptquelle ihres Reichtums — beschränkende! Und dazu die Belastung des Staates mit 30 Millionen Schulden für Kriegs-

---

1 Der Prinz erschien am $\frac{14}{24}$ Juni 1672 vor Utrecht. S. Sylvius. pg. 258. —

2 Valkenier: pg. 341. —

3 Sylvius: Historien onses tijds etc. pg. 310: „Andere hun gout en silver huys-gerigt versmolten, hun Juweelen ik weet niet waar wech-sommelden, hun brieven en obligatien (eijlaas! slechte versekeringen in een verlooren staat!) verstaken, overdroegen en voor een kleijn geld verkochten" etc. —

4 In Frankreich hatte man bereits 1664 eine Französisch-Ostindische Compagnie zur Concurrenz der Holländischen gegründet. —

contributionen! — Betrachtungen welche sich einem Jeden trotz aller patriotischen Opferwilligkeit sogleich aufdrängen mussten. Der Wert der Staats-Obligationen hing also offenbar von dem Vertrauen ab, welches die Käufer derselben auf die Zukunft des Staates setzten; und da eine gedeihliche Zukunft nur durch erfolgreiche Vertheidigung des Landes und Erwerbung mächtiger Bundesgenossen vorbereitet und erworben werden konnte, so bestimmten den Wert der Obligationen nunmehr — die Kriegsereignisse und die Europäische Politik. —

Hiermit verschob sich die Grundlage für die Wertbestimmung dieser Staatsschuldscheine durchaus. — War der Wert derselben vordem allein auf die eigne Kraft des Staates und auf die von allen Seiten nach Holland strömenden Reichtümer gegründet gewesen, so war diese Grundlage jetzt nach Vernichtung aller Intraden auf ganz andre ausser dem Bereiche eigner Macht liegende unberechenbare und durchaus unsichre Momente übergegangen: Ein Sinken und Schwanken des Wertes der Obligationen musste die notwendige Folge hiervon sein. Die Kaufleute konnten ihr Vertrauen auf die Zukunft des Staates nur aus dem schöpfen, was sie hörten und sahen — aus den Berichten vom Kriegsschauplatz und aus dem, was über den Gang der Europäischen Politik von Mitgliedern der Regierung selbst oder sonst gerüchtsweise zu ihren Ohren drang. Gingen die Kriegsereignisse gut von Statten, und zeigten sich mächtige Bundesgenossen bereit den niedergeworfenen Staat kräftig zu unterstützen, war infolgedessen ein baldiger und günstiger Friede zu erwarten, so schien auch die Einlösung der Staatsschuldscheine ausser Frage gestellt zu werden, und — sie mussten an Wert steigen. Kamen dagegen ungünstige Nachrichten vom Kriegsschauplatze, zögerten die Mächte sich mit Holland zu verbinden, so erschien die Zukunft dunkel und unberechenbar, Schulden häuften sich auf Schulden bei aussichtsloser Fortsetzung des Krieges, und — der Wert der Obligationen musste sinken. Falsche Gerüchte, persönliche Meinungen und Vermutungen mussten unter solchen Umständen und in solcher Zeit allgemeiner Aufregung dieselbe Wirkung auf den Einzelnen ausüben, als die Thatsachen selbst; denn wer konnte sie sogleich widerlegen? [1] Hätte der Handel mit den Aktien der Indischen Compagnien bereits gelehrt, welche Momente und Combinationen das Steigen und Fallen ihres Wertes bestimmen konnten, so brauchte man diese Erfahrungen unter freilich ganz anderen Voraussetzungen hier nur zu verwerten, nur dass die Momente dringender und schneller wechselnd waren und auch schnellere Entschlüsse erheischten. Und wie die Dinge in Holland einmal lagen, musste grade das Schwanken des Wertes der Staatsschuldscheine einen lebhaften Kauf und Verkauf derselben erzeugen — einen Handel, welcher in Ermangelung jedes Waarenhandels für den Augenblick durchaus in den Vordergrund treten musste. —

[1] Lisola an den Kaiser, d. d. Haag, den 26 Dec. 1672: Iste enim mundus regitur opinionibus et facile minimus eventus extollitur aut dejicitur. —

Amsterdam, der Mittelpunkt des Europäischen Geldmarktes.

Es machte sich nun ganz von selbst, dass Amsterdam der ausschliessliche Sitz dieses Geldhandels wurde. Der kaiserliche Gesandte Lisola nannte in seinen Relationen diese Stadt das „primum mobile" der Provinz Holland, dem „Herzen" der Vereinigten Niederlande, und er hatte nicht Unrecht; es war die reichste Stadt des nördlichen Europa. Von den 69 %, welche die Provinz Holland als Quote zu den Gesammtlasten des Staates beizutragen hatte, trug Amsterdam allein fast die Hälfte [1], d. h. soviel als die übrigen drei von den Feinden nicht besetzten Provinzen zusammengenommen. Hatte Antwerpen im Jahre 1583 die erste Bank im nördlichen Europa gegründet, so legte Amsterdam im Jahre 1608 den Grundstein zur „Börse" und gründete im folgenden Jahre eine Bank nach dem Muster der Venetianischen. Alle nur denkbaren Geschäfte des Welthandels wurden auf der „Börse" verhandelt und geschlossen. Rasch blühte sie empor; und obwol sehr bald verschiedene Zweige des Handels — so die Schifferbörse und die Kornbörse — sich abtrennten, musste sie bereits nach fünfzigjährigem Bestehen — 1669 — wieder bedeutend erweitert werden. Im Jahre 1672 war die Börse von Amsterdam die berühmteste und grösste der damaligen Welt.

Es konnte ferner nicht fehlen, dass Amsterdam als mächtigste und leistungsfähigste Stadt nun auch der Mittelpunkt aller Widerstandsmassregeln gegen die Feinde wurde. Schon

[1] Lis. in s. Rel. v. 28 Juli 1672. —

Mitte Juni hatte man es für geraten gehalten, den «Stuhl des Krieges» nach Amsterdam zu verlegen; die öffentlichen Kassen wurden dahin gebracht und man beschloss, auch die Staaten von Holland und West-Friesland daselbst tagen zu lassen [1]: Bei dem entscheidenden Übergewicht, welches diese beiden Provinzen über alle andern hatten, war damit der Schwerpunkt des Staates nach Amsterdam verlegt. Alle Fäden des Krieges und der Politik kamen hier zusammen; und da Amsterdam als erster Handelsplatz natürlich auch die besten Verbindungen und Communicationen mit aller Welt hatte, so waren hier alle Nachrichten von ausserhalb zuerst bekannt — ein Fundament für den Handel mit Aktien, welcher auf die Entwicklung der militärischen und politischen Vorgänge in Europa basirt war. Bei dem ungeheuren Umsatz, welcher sich im Waarenhandel in Amsterdam vollzog, war man gewohnt, hier die höchsten Preise zu erzielen: das übertrug sich sogleich auch auf den Handel mit den Obligationen; die Coursberichte des kaiserlichen Gesandten Lisola und die aller andern Interessenten bezogen sich als selbstverständlich nur auf Amsterdam.

Freilich musste ein Krieg und noch dazu ein so unglücklicher eine solche Stadt, deren Existenz und Reichtum allein auf dem ungestörten Handel beruhte, am allerschwersten treffen; und wie überall in Holland, gab man sich nach den Ereignissen des Juni im ersten Augenblick auch in Amsterdam verloren. Nach der Eroberung Utrechts durch die Franzosen hielt man die Einnahme von Amsterdam nur noch für eine Frage der Zeit. Die Kaufleute drängten sich zur Bank, um ihre dort deponirten Gelder zu erheben, und zwar „in solcher Menge, dass ihnen zugleich nicht konnte geholfen werden; unerachtet sie Alle vor der Hand ihre Bezahlung erhielten, die sich am ersten angaben, welches eine solche Furcht in den übrigen erweckte, dass sie ihre Banco-Gelder lieber für 95 à 96 Cassa-

1 Valkenier pg. 236. —

Gelder pro Cento verkaufen, als der Gefahr einer gänzlichen Veränderung und Verlustes abwarten wollten." [1] Was die Vergangenheit gebracht und nicht in baaren Effecten bestand, gab man verloren; denn wer konnte sagen, dass aus diesem Chaos des staatlichen Zusammenbruchs noch je einmal wieder geordnete Verhältnisse werden würden: Bank und Börse in Amsterdam waren für den Augenblick gesprengt, und — die bisher in Cours befindlichen Staatsobligationen waren völlig entwertet; kein Mensch wollte auch nur den geringsten Preis dafür bieten. [2] (Mitte Juli).

Aber man kam in Amsterdam auch am ersten wieder zur Besinnung, als das Rollen des Unglücks nur einigermassen ins Stocken kam.

Schon Ende Juni redeten die Deputirten von Amsterdam in der Versammlung der Staaten von Holland „sehr grossmütig, dass es nämlich eine Pflicht wäre der überwundnen Menschen Gesetz zu empfangen von den Ueberwindern, worunter sie sich noch nicht rechnen könnten; und sofern man dafür hielt, dass es soweit kommen wäre, alsdann würde das Beste sein, Alles zu übergeben, welches man nun zu thun gesinnet, wie es schien, wozu sie keine Gewalt hätten zu resolviren, sondern müssten es zuvor ihren Principalen hinterbringen." Anfang Juli sprach der Bürgermeister Gilles Valkenier, „der in allem Glück und Unglück unveränderlich ist und alle Zufälle mit Bedacht und reiflich beherziget," in den Generalstaaten seinen gebeugten Landsleuten in dreiviertelstündiger Rede Mut zu. Er erinnerte sie daran, dass ihre Voreltern ihre Freiheit vermittelst eines achtzigjährigen Krieges erstritten und mit ihrem eigenen Blute versiegelt hätten. Er erinnerte daran, wie die einzige Stadt Danzig das grosse Polnische Reich, Kopenhagen das Königreich Dänemark und Norwegen aus der Gewalt ihrer

[1] Valkenier pg. 341. — L'Espine a. a. O. pg. 59. —

[2] Lis an d. kais. Minister Hocher d. d. Haag, den 24 Nov. 1672. —

Feinde gerettet hätten, und wie Hamburg mitten unter Feinden und Missgönnern sich selbst eine geraume Zeit geschützet und noch nicht gesinnet sei, Gesetze von Jemand anzunehmen. Er sprach die Erwartung aus, dass die Bürger von Amsterdam sich lieber auf ihren Wällen sollen in Stücken hauen lassen, „um mit solcher Ehre nach ihrem Tod noch zu triumphiren, als eine Dienstbarkeit anzunehmen, dergleichen ihnen vor diesem nicht bewusst gewesen war." [1] Die Deputirten von Amsterdam protestirten gegen die Friedenssendung zu den beiden Königen mit so kräftiger Rede, „dass die Meisten in der Versammlung stumm, und welche ihren Willen zu der Gesandtschaft gegeben hatten, schamroth wurden;" sie wünschten, „dass eine solche Resolution niemals den Staatsgliedern in die Gedanken möchte kommen sein." [2] Schanzen, Mauern, Forteressen, Wallgräben wurden in Stand gesetzt; die Wachen wurden verdoppelt; Jeder bot seine Dienste dazu an; Jeder wollte der Erste, Keiner der Letzte sein. Alle Franzosen wurden aus der Stadt geschafft; Ordnung und Disciplin auf das Strengste gehandhabt. Und inzwischen hatten die überschemmten Wege und Felder dem Feinde Halt geboten; der schnelle Lauf der Eroberung hatte sein Ende erreicht; und da der Feind auch trotz aller Bemühungen nicht weiter konnte, so begann man bald in Holland sich hinter dem Wasser sicher zu fühlen. Die Inundationen wurden nun systematisch vollendet und damit die Möglichkeit geschaffen, Massregeln zu energischer Vertheidigung nach allen Seiten zu treffen. Man erhielt Zeit zum Athemholen und zur Ueberlegung; und indem man sich wieder sammelte, kamen auch wieder bessere Nachrichten. Man hörte, dass die Feinde durch Krankheiten abnahmen und ihre geschlossene Macht, mit welcher sie bisher die einzelnen Heerhaufen der Holländer leicht auseinander gesprengt, durch die Besetzung so vieler eroberter Orte zersplit-

1 Valkenier pg. 346, 347. —

2 Ebda pg. 347, 350. —

tert und dadurch leichter angreifbar gemacht hatten; auch dass sie trotz ihrer leichten Siege durch die Kämpfe nicht wenig gelitten. Manche Plätze hatten sich ruhmvoll vertheidigt; von andern — wie von Ardenburg in Flandern — waren die Franzosen sogar blutig abgewiesen worden. Das Alles hob den gesunkenen Mut wieder etwas, welcher durch die kleinen militairischen Erfolge des bald zum Statthalter erwählten jungen Prinzen Wilhelm von Oranien nicht wenig gesteigert wurde. Eine Stadt nach der andern beschloss, dem Beispiele Amsterdams folgend, sich bis aufs Äusserste zu vertheidigen. Schon Ende Juni verlautete, [1] dass der Kurfürst von Brandenburg seinen Tractat mit dem Kaiser vollzogen habe, bereits im Anzuge auf Holland sei und sich binnen Kurzem eine Armee von 50.000 Mann an der Holländischen Grenze sammeln werde. Und in der That kam der Brandenburgische Oberstallmeister Pöllnitz Mitte Juli in das Lager des Prinzen, um das Zusammenwirken der Kriegsoperationen sicher zu stellen. Der Statthalter der Spanischen Niederlande, Graf Monterey, besetzte auf eigne Hand nicht nur die nächstgelegnen Plätze der Holländer und ermöglichte ihnen damit die Verstärkung ihrer Feldarmee, sondern überliess ihnen sogar ausserdem noch heimlicher Weise 5000 Mann ausgezeichneter Truppen. [2] Und von der See kamen noch bessere Nachrichten! Die Flotte der Holländer hatte ruhmvollen Widerstand geleistet gegen die vereinigten Flotten der Gegner und suchte den Feind wieder auf, während die Englische, von Stürmen schwer geschädigt, bereits Ende Juli nach der Heimat zurückkehren musste und von der Französischen überhaupt nichts mehr zu sehen war. Die Indienfahrer der Holländer mit einer Fracht von im Werte fünfzehn Millionen, für welche man in Amsterdam schon sehr gefürchtet hatte, waren bei Zeiten gewarnt worden und hatten vor Englischen

[1] Rel. des Kais. Residenten Krampricht im Haag d. d. Haag, den 27 Juni 1672. —

[2] Krampr. d. d. Haag, den 4 Juli 1672. —

Gelüsten Sicherung in Spanischen Häfen gefunden. Die Gesandten der auswärtigen Mächte — vor Allen der kaiserliche Gesandte Lisola [1] — ermutigten Regierung und Volk zum energischen Widerstande mit dem Hinweis auf die Geneigtheit ihrer Fürsten zur Bekämpfung der Französischen Uebermacht; und die furchtbaren Bedingungen der beiden Könige, mit welchen sie die Friedensanträge der Holländer beantworteten, erweckten in Holland den Mut der Verzweiflung: Alles erklärte sich nun gegen die Erkaufung des Friedens durch so furchtbare Opfer. Als ächte Kaufleute berechneten die Holländer sogleich, dass die 30 Millionen Kriegscontributionen, welche sie an die beiden Könige zahlen sollten, wären d'autant plus onéreuses, que cette somme surpasse peut-être tout l'argent comptant, qui est dans l'Etat. [2] Man wies diese Forderungen nicht nur zurück und erklärte, lieber Gut und Blut aufzusetzen, als sich über Religion, Libertät und die Form der Regierung mit den Feinden in Tractat einzulassen, sondern man zog nun sogar die Mitglieder jener Friedensdeputationen und deren Urheber zur Rechenschaft. Man rechnete ferner auf die baldige Trennung der beiden Könige, von denen König Ludwig bisher allen Ruhm und Vorteil, König Karl dagegen — auch die Englischen Landtruppen hatten Anfang August das Festland in völlig desolatem Zustande verlassen müssen — nur Schande und Schaden davongetragen hatte. Man meinte in Holland, da nun die dem König Karl von England feindliche «Barnefeldsche Faction» beseitigt, und sein Neffe, der Prinz von Oranien, zum Statthalter der Niederlande ernannt worden war, so falle damit auch der Vorwand zum Kriege für England hinweg, über welchen ihrer furchtbaren Verluste wegen der Unwille der Englischen Nation ohnehin immer lauter sich Luft machte! —

1 Siehe hierüber meine Schrift: Der Kaiserliche Gesandte Franz von Lisola im Haag 1672—1673 im Bd. LI des Archivs für Osterreich. Geschichte. Wien 1873. —

2 Samson a. a. O. III. pg. 306. —

So hatte man sich Anfang August in Holland endlich selbst wiedergefunden, und eine moralische und zum Theil auch materielle Grundlage für weiteres Handeln erlangt; aber war damit auch das ganze Vertrauen und die Sicherheit wiedergewonnen, dass die Zukunft die Schäden der letzten Vergangenheit nur einigermassen ersetzen werde? —

Der Credit der Holländischen Regierung. Wiederincourssetzung der Staats-Schuldscheine.

So tröstlich es schien, dass dem fortschreitenden Verderben Einhalt gethan war, so konnte sich doch Niemand in Holland verhehlen, dass alle jene Ereignisse und Umstände, welche die Hoffnung auf eine mögliche Herbeiführung einer besseren Zukunft wiederum erweckt hatten, fast ausschliesslich mehr dem Zufall, als der eignen Thatkraft zu danken gewesen waren. Die Regierung, die nach den ersten Unglücksschlägen Allen voran den Mut verloren hatte, hatte darauf nichts eiligeres zu thun gehabt, als noch Ende Juni Deputationen an die beiden feindlichen Könige zu schicken, um in tiefster Demut von ihnen den Frieden zu erflehen. Dass diese Demut noch nicht notwendig gewesen war, musste ihr nur den letzten Rest von Ansehn rauben. Der kaiserliche Gesandte Lisola, welcher im Juli mit der Holländischen Regierung über einen Vertrag verhandelte, vermöge dessen der Kaiser gegen die Stellung einer Hilfsarmee bestimmte Subsidienzahlungen erhalten sollte, sprach in den Relationen an seine Regierung selbst die Befürchtung aus, dass der Holländischen Regierung weniger der Wille als die Fähigkeit fehlen werde, pecuniäre Verpflichtungen einzugehen, — aus Mangel an Credit bei den Kaufleuten.[1] Dazu kam,

[1] Rel. Lis. v. Haag, den 21 Juli 1672: et quod pessimum est, fides Statuum apud negotiatores pro mutuis summis emungendis ita vacillat, ut nemo ipsis pecuniam credere velit, tum quod res videant mutantes, tum quod rempublicam credant dolose vel saltem inconsulto a nonnullis administratam etc. etc., sed veremur, ut ne potestas magis quam voluntas deficiat. etc. etc. —

dass die Erwartungen auf den Umschwung der Dinge sich nicht so schnell erfüllten, wie man in Holland wünschte und glaubte: England trennte sich noch keinesweges von Frankreich, sondern verband sich im Gegentheil — am 16 Juli zu Heswick — noch einmal und enger mit dieser Macht. Und die Hilfsarmee vom Reiche her begann kaum sich zu sammeln! So musste es in Holland noch immer Pessimisten genug geben, welche jede Hilfe für zu spät und jeden Widerstand für nutzlos hielten.

Ein gewisses Vertrauen zur Regierung und die feste Absicht sie energisch zu unterstützen konnte also trotz aller zum Ausharren anreizender Umstände als notwendige Vorbedingung für eine Wendung zum Besseren sich doch erst dann wiedereinfinden, wann dieselbe Erfolge aufzuweisen hatte, welche allein ihrer Energie und Umsicht zu danken waren. Denn war die Regierung der beiden de Wit — im Juli 1672 — auch beseitigt worden und damit ein grosser Stein des Anstosses und des Misstrauns verschwunden, so hatte die neue Regierung des Prinzen Wilhelm von Oranien doch vorerst auch noch ihre Tüchtigkeit zu zeigen; und die Sympathie, welche man dem Prinzen entgegen brachte, erleichterte diesem allerdings seine schwierige Aufgabe, konnte aber die eben gemachten schlimmen Erfahrungen natürlich nicht sogleich vergessen lassen. Der Prinz fühlte dies sehr wohl und begründete in einer Conferenz, welche er am 29. August mit den Gesandten der befreundeten Mächte abhielt, seinen Wunsch auf kräftige Unterstützung seitens der Bundesgenossen vorzüglich damit, dass die R e g i e r u n g, w e n n d i e L a g e H o l l a n d s s i c h n i c h t w e n i g s t e n s u m e i n e K l e i n i g k e i t b e s s e r e, a u s M a n g e l a n K r e d i t a l l e i n die allerseits gewünschten Verpflichtungen n i c h t w e r d e e i n g e h e n k ö n n e n: Geschähe nur etwas, so werde Kredit und Geld nicht fehlen. [1]

[1] Rel. Lis. von 1 Sept. 1672: *princeps subjunxit, Hollandos quidem omnino pecunia destitutos, donec res tantisper restitueretur, tunc enim non defuturum ipsis fidem apud negotiatores, etc. etc.* —

Und es geschah in der That etwas! Mitte August tauchte im Haag das Gerücht auf, Turenne werde mit seiner ganzen Armee über Graef in die Klevischen Lande des Kurfürsten von Brandenburg ziehen, um dort die aus dem Reiche herankommenden Hilfsvölker zu observiren. [1] Man klammerte sich an diesen Strohhalm von Hoffnung und glaubte dem Gerücht, weil man es so wünschte. Man versprach sich hiervon nicht nur eine unmittelbare Erleichterung aller Provinzen von der Kriegsnot, sondern man meinte auch, dieser Zug Turennes über den Rhein sei ein so unzweifelhafter Bruch des Reichsfriedens, dass Kaiser und Reich auch gegen ihren eignen Willen nicht mehr würden umhin können, nun auch ihrerseits den Krieg an Frankreich zu erklären. Man war in Holland voller Erwartung.

Und wirklich zog Turenne seine Armee in Holland zusammen, marschirte ab und überschritt am 9. September den Rhein, um bei Wesel zu lagern und die vom Reiche her anziehenden Armeen des Kurfürsten von Brandenburg und des Kaisers zu beobachten: Diese Erleichterung des bedrängten Landes war nun freilich ein fühlbares und unleugbares Resultat der Regierungspolitik, [2] welche es verstanden hatte, Bundesgenossen zu erwerben, bei deren erster Bewegung die Feinde sich veranlasst fühlten, das Land zu räumen! Und zu weiterer Anfrischung kam grade jetzt die Zeitung, dass auch der Traktat mit den Lüneburgischen Herzögen abgeschlossen worden sei, laut dessen dieselben sich verpflichteten, 10.000 Mann Hilfsvölker für Holland zu stellen. Die Wendung des bisher so unglücklich geführten Krieges zum Besseren schien nun gekommen zu sein. Man sah wieder freier in die Zukunft; man gewann einige Zuversicht auf den weiteren

1 Rel. Kramprichts d. d. Haag den 15 Aug. 1672. —

2 Die Gewinnung des Kurf. v. Brand. war allerdings noch das Verdienst der früheren Regierung; aber die Gewinnung des Kaisers, durch welche auch die Hilfe des Kurfürsten erst thatkräftig wurde, war der Regierung des Prinzen zu danken gewesen. —

Erfolg der Vertheidigung, und — was die Hauptsache war — einiges Vertrauen auf die Leitung der Regierung fand sich wieder ein. So wagten denn unter dem Eindruck solcher Nachrichten und Aussichten einzelne Kaufleute — Anfang September 1672 — den durch die bisherigen Ereignisse entwerteten Staatsobligationen wieder einigen Wert beizulegen und wollten sie zu 60% annehmen. [1] Es war dies die erste Fixirung des Wertes der Holländischen Staatsschuldscheine nach dem kläglichen Zusammenbruch des Staates im Juni. Hiermit hatte man gleichsam wieder eine Rechnungsgrundlage gewonnen, von der aus der Staatscredit sich nun weiter entwickeln konnte.

Und nun besserten sich die Aussichten noch weiter! Hatte der kaiserliche Gesandte Lisola auf Befehl seiner Regierung die allergrösste Heimlichkeit bei den Bündnissverhandlungen mit Holland beobachten müssen, so mussten doch seine häufigen Conferenzen mit dem Prinzen und dessen Räten dem Beobachter auffallen. Beschwerte sich doch der französische Gesandte in Wien — Gremonville — am kaiserlichen Hofe darüber, dass Lisola im Haag fast öffentlich mit den Feinden Frankreichs verhandle! [2] Und da Lisola während der Verhandlungen sogar genötigt war, einige Kaufleute wegen der ihm von der Holländischen Regierung statt baarer Subsidialgelder gebotnen Wertpapiere um Rat zu fragen, [3] so konnte nicht fehlen, dass der Abschluss der kaiserlich-holländischen Alliance, welcher am 22. September erfolgte, grade in Kaufmannskreisen allgemein bekannt war. Bestärkt wurde man darin durch die Thatsache, dass sich gleichzeitig bei Halberstadt die Vereinigung der kaiserlichen Armee mit der den Holländern bereits verbündeten

[1] Lis. a. d. Kais. Min. Hocher d. d. Haag, den 24 Nov. 1672: jam vero post recessum Turennii passim emptae (obligationes) fuerunt pro sexaginta procentum, id est, cum jactura quadraginta procentum pro venditore. —

[2] Votum der kais. Räte d. d. Wien, den 24 Sept. 1672. —

[3] Rel. d. d. Haag, den 22 Sept. 1672. —

Brandenburgischen vollzog. Wie herrliche Aussichten mussten sich hieran knüpfen! Verband sich der Kaiser mit dem mächtigsten Fürsten des Reiches zur Unterstützung Hollands, so mussten zunächst die beiden feindlichen Reichsfürsten — der Kurfürst von Köln und der Bischof von Münster — von ihrer Feindschaft lassen, und schliesslich musste sich doch das ganze Reich dem Oberhaupte anschliessen. Die Vernichtung der Feinde, welche schon Holland zum Theil hatten verlassen müssen, und die Rettung der Vereinigten Provinzen schienen nun unzweifelhaft bevorzustehen. Zuversicht und Vertrauen kehrten wieder ein: Unter dem Einfluss dieser günstigen politischen Aussichten stieg im Laufe des September der Cours schnell auf 75%. [1]

Und nun kam die Post von dem Aufbruch der alliirten Armee von Halberstadt und dem Marsch an den Rhein auf Coblenz zu. Man war in Holland voll freudiger Erwartung, das deutsche Heer demnächst als Befreier empfangen zu können. Einen nahen und ehrenvollen Frieden, welcher bald im Stande sein würde, die geschlagenen Wunden zu heilen und die gemachten Schulden zu bezahlen, hielt Jedermann in Holland für selbstverständlich. Das alte Vertrauen auf die unerschöpflichen Hilfsquellen des Staates begann wieder in seine Rechte zu kommen; in der festen Ueberzeugung von der bevorstehenden entscheidend günstigen Wendung der Affairen — wuchs der Credit und schon glaubte man, sich den normalen Verhältnissen wieder nähern zu dürfen: Man zahlte in den ersten Octobertagen für die Staatsschuldscheine — 95%! [2] Aber leider erfolgte gleichzeitig der Umschlag.

---

[1] Lis. an Hocher d. d. Haag, den 24 Nov. 1672: Concluso cum Sua Mte Caes. foedere excreverunt ad septuaginta quinque etc. etc. —

[2] Rel. d. d. Haag, den 15 Dec. 1672. —

Entscheidendes Sinken der Course. Coursschwankungen.

Statt den Uebergang über den Rhein bei Coblenz zu bewerkstelligen, wie in Halberstadt verabredet war und man in Holland annahm, bog die kaiserlich-brandenburgische Armee noch in Westfalen plötzlich von der bisherigen Richtung auf Coblenz — angeblich weil der Uebergang über den Rhein daselbst durch die Nähe der Franzosen nunmehr unmöglich gemacht sei — nach Süden ab, um diesen Strom nun weiter oben — bei Mainz zu überschreiten. [1]

Mann kann sich denken, welche Wirkung diese Nachricht von der Hilfsarmee auf die erwartungsvollen Gemüter in Amsterdam und Haag geübt haben wird: Statt des Marsches nach Holland und gegen den Feind — Marsch an den Main und Ausweichen vor dem Feinde! Schon während der Verhandlungen Hollands mit dem Kaiser hatte sich das Gerücht, dass die kaiserlichen Waffen thatsächlich doch niemals etwas gegen die Franzosen unternehmen würden, in unangenehmster Weise breit gemacht. [2] Der Französische Prinz Condé selbst sollte es den Spanischen Ministern bei seiner Durchreise durch die Spanischen Niederlande gesagt haben. [3] Durch jene Abschwenkung nach Süden erhielt das Gerücht anscheinend thatsächliche Bestätigung. Alles passte hierzu: Eben deshalb hatte Turenne, als er in

---

[1] Bekanntlich war diese Abschwenkung durch die geheimen Instructionen veranlasst, welche der Befehlshaber der kaiserlichen Hilfsarmee General Montecucoli vom Kaiser persönlich erhalten hatte, laut deren er jegliches Zusammentreffen mit den Franzosen vermeiden sollte.

[2] Rel. Lis. d. d. Haag, den 22 Aug. 1672. —

[3] Ebenda. —

Holland gegen die deutsche Armee aufbrach, seine Armee gegen die viel stärkere feindliche nicht nur nicht nach Möglichkeit verstärkt, sondern — der Unthätigkeit der Gegner sicher — dieselbe im Gegentheil durch Verstärkung der Besatzung einiger wichtiger Plätze noch geschwächt, von denen aus er dann im Winter über das Eis ziehend auch noch den Rest des Landes besetzen werde. [1] Mit solcher Sicherheit traten diese Gerüchte auf, dass der Prinz Wilhelm sogar den kaiserlichen Gesandten Lisola in einer Conferenz darüber interpellirte und hinzufügte: wenn es sich in der That so verhalten sollte, so sehe er nicht, wie auf die kaiserliche Hilfe zu rechnen und darnach zu handeln sei, und wie Holland dann dem Untergange entfliehen könne. [2] Der Dänische Gesandte im Haag wollte wissen und verbreitete, dass der Kaiser und Spanien in heimlichen Traktaten mit Frankreich ständen; [3] er wollte sogar einige Artikel davon gesehen haben. [4] Es nützte nichts, dass Lisola diese Gerüchte für Kunstgriffe der Franzosen erklärte — nur ausgedacht, um Zwistigkeiten unter den Verbündeten zu säen. Der äussere Schein der Ereignisse strafte ihn Lügen; und da unglücklicherweise gleichzeitig auch zwei Anschläge des Prinzen auf die von den Franzosen besetzten Plätze Woerden und Naarden misslangen, so war jene Zuversicht auf eine baldige und glückliche Beendigung des Krieges in «grosse Verschlagenheit» umgeschlagen; [5] Ein Fallen der Course war die unausbleibliche Folge des wieder erschütterten Vertrauens. Als der Dänische Gesandte sich Ende October in Amsterdam nach dem Stande der Course erkundigte und, um nur Geld zu erhalten, sich erbot, eventuell zu den 4%, mit welchen die Staaten ihre Obligationen gesetzlich verzinsten,

---

1 Rel. Lis. d. d. Haag, den 6 Oct. 1672. —

2 Ebenda. —

3 Rel. Krampr. d. d. Haag, den 27 Oct. 1672. —

4 Krampr. sendete am 7 Nov. 1672 eine Copie dieses angeblichen Tractates nach Wien. —

5 Rel. Krampr. d. d. Haag, den 13 Oct. und 7 Nov. 1672. —

noch 2°/₀ hinzuzulegen, erwiderten ihm die Kaufleute, «dass bei jetzigen Conjuncturen, die sie noch nicht wüssten, ob dieser Staat durch die Hilfe des Kaisers und Brandenburgs sich vom Ruin erretten werde oder nicht, sie nicht gesinnt seien, gegen 6°/₀ oder mehr ihre Gelder herzugehen. Wenn sie aber sehen sollten, dass der Kaiser und der Kurfürst von Brandenburg den Rhein passiren und für diesen Staat directe oder indirecte wirklich agiren würden, dass die Tractaten mit Dänemark und Lüneburg zu Stande kämen, alsdann wollten sie ihre Gelder lieber um 4°/₀ als jetzt um 6°/₀ auf der Generalstaaten Obligationen geben.» [1] Lisola bezeichnet 83°/₀ als den Cours, den man besten Falles in diesen Tagen hätte erhalten können: [2] Um 12°/₀ war der Credit der Holländischen Regierung durch jenes Abschwenken der Verbündeten nach Süden sogleich herabgedrückt worden!

Wäre nun dieser Marsch, wie es vom kaiserlichen Heerführer beabsichtigt war, unbelästigt vom Feinde von Statten gegangen, so würde der immer grösser werdenden Entfernung von Holland das Fallen der Course in Amsterdam entsprochen haben; dieselben würden bis zu bedenklicher Tiefe gesunken und das ganze Steigen und Fallen der Course seit Anfang September würde einem Phänomen gleich gewesen sein, wenn nicht — zwei weitere Nachrichten die Baisse nicht nur aufgehalten, sondern sogar wieder in eine Hausse verwandelt hätten: Man erfuhr nämlich in den ersten Novembertagen im Haag, dass die kaiserliche Ratification des Vertrages mit den Generalstaaten vollzogen und bereits in Köln eingetroffen sei; und bald darauf kam die Depesche von einem Gefecht bei Nassau zwischen der alliirten Armee und den Franzosen. [3]

Nun war die Verbindung Hollands mit dem Kaiser, welche

---

[1] Rel. Krampr. d. d. Haag, den 1 Nov. 1672. —

[2] Rel. Lis. d. d. Haag, den 15 Dec. 1672. —

[3] Rel. Krampr. d. d. Haag, den 7 Nov. 1672. —

unter so grossen Schwierigkeiten und Wechselfällen sich entwickelt hatte, also doch zur Thatsache geworden! Der vornehmste Bundesgenosse war gewonnen, das Oberhaupt der Christenheit war Alliirter Hollands geworden! Und wenn man bis dahin den Gerüchten von heimlichen Tractaten des Kaisers mit Frankreich, vermöge deren derselbe nichts gegen diese Macht unternehmen durfte, immer mehr und mehr von den Ereignissen gedrängt hatte Glauben schenken müssen, so schienen dieselben nun ausser durch die jetzt erfolgte kaiserliche Ratification — durch die Thatsache des vorgefallenen Kampfes vollständig Lügen gestraft. Es schien — so meinte man in Holland — mit der Waffenehre des Kaisers nicht mehr verträglich, den Frieden noch länger für ungebrochen zu halten. [1]

Aber freilich hatten die schlimmen Erfahrungen der letzten Wochen gelehrt, dass man nicht schon auf die ersten und besten Nachrichten hin das alte Vertrauen wieder in seine Rechte setzen und die Course unbeschränkt in die Höhe gehen lassen könne, ohne fürchten zu müssen, dass der hinkende Bote nachkommt. Man war durch die eben gemachten Erfahrungen jetzt schon vorsichtiger und reservirter geworden, glaubte aber gleichwol jenen Nachrichten grosse Bedeutung beilegen zu müssen, weil man der Ueberzeugung war, dass, wenn der Kaiser sich auch ungern zum Kriege gegen Frankreich entschlossen habe, er durch die Gebote der Ehre und durch die politische Notwendigkeit nun doch auch seinerseits gezwungen sei, sein Wort zu halten und die ihm und dem Reiche zugeworfene Französische Herausforderung zurückzuweisen. Ueber der allgemeinen politischen Bedeutung, welche unter solchen Umständen die Thatsache jenes Gefechtes bei Nassau in sich enthielt, übersah man in Amsterdam als gleichgiltig, dass die deutschen Truppen in demselben geschlagen worden waren. Man fühlte sich durch diese neue Gestaltung der Dinge wieder

[1] Auch der Kurfürst von Brandenburg fasste dieses Ereigniss so auf. Siehe Peter, Der Krieg des Grossen Kurfürsten gegen Frankreich. Halle. 1870. pg. 80. —

«angefrischt» [1] und belohnte das neugeweckte Vertrauen mit einem Steigen der Course auf 85 und bald auf 87%. [2] Aber leider kam der hinkende Bote auch jetzt wieder nach!

Statt den Kriegsfall gelten zu lassen, auf welchen man mit Recht in Holland so grossen Wert gelegt hatte, und kräftig gegen den viel schwächeren Turenne loszumarschiren, zog die alliirte Armee vor dem schwächeren Feinde in der einmal eingeschlagenen Richtung immer weiter nach Süden und lagerte schliesslich unthätig am Main, während der Prinz von Oranien sich alle erdenkliche Mühe gab, sie durch eigne Thätigkeit zum Handeln zu veranlassen. Und ganz ebenso schien die Hoffnung auf die endliche Auswechselung der Ratificationen des kaiserlich-holländischen Vertrages fehlzuschlagen.

Die Holländer hatten am 22 September den Vertrag wohl angenommen in der Fassung, welche der Kaiser demselben gegeben hatte; sie hatten aber in einer besonderen Erklärung den Sinn niedergelegt, welchen sie den höchst zweideutigen Verpflichtungen des Kaisers in dem Vertrage gaben. Diese Interpretation hatte der Kaiser nun seinerseits wieder interpretirt und die so veränderte zugleich mit der Ratification des Vertrages im October an seine Gesandten im Haag abgehen lassen. An diese Aenderung des Kaisers stiessen sich nun wieder die Holländer und sie liessen den ganzen November vergehen, ohne den kaiserlichen Gesandten Lisola einer Antwort auf seine Anzeige von dem Eintreffen der Entschliessungen seiner Regierung zu würdigen. Die öffentliche Meinung in Holland konnte sich diesen Aufschub nicht erklären, und bald verbreitete sich das Gerücht, dass der Kaiser die Ratificationen nicht mehr auswechseln wolle. Das Benehmen der deutschen Armee konnte auch jetzt wieder solche Befürchtungen nicht widerlegen. Man meinte, die kaiserliche Armee habe mit ihrem ganzen Marsche

[1] Rel. Krampr. d. d. Haag, den 7 u. 10 Nov. 1672. —

[2] Lis. an Hocher d. d. Haag, den 24 Nov. 1672. —

nichts weiter als Winterquartiere im Reiche erlangen wollen, um die kaiserlichen Erblande zu schonen, und die Gerüchte von den heimlichen Tractaten machten sich aufs Neue wieder breit. Man sah im Geiste bereits Turenne — der Unthätigkeit seiner Gegner sicher — umkehren und über das Eis in die Provinz Holland, das Herz der Staaten, eindringen. Missmut und Niedergeschlagenheit waren wieder gross im Haag und Amsterdam. [1]

Es war ein Rückschlag unter erschwerenden Umständen! Hatte man für das eigentümliche Benehmen der alliirten Armee vor erfolgter Ratification des Vertrages noch Gründe der Entschuldigung anhören können, welche der kaiserliche Gesandte Lisola nicht versäumt hatte durch Vertraute verbreiten zu lassen, so war von den neuesten Thatsachen nichts mehr abzuhandeln: der Kaiser liess sich weder durch seine bereits erfolgte Zustimmung zu dem Vertrage noch durch den point d'honneur bewegen, gegen die Feinde der Holländer vorzugehen. Die Absichtlichkeit dieses Benehmens lag nur zu klar vor. Man fragte sich im Haag, was denn die Franzosen noch thun müssten, um den Frieden zu brechen, wenn der Kaiser nach so vielen offenbaren Verletzungen aller Verträge den Westfälischen Frieden noch nicht für gebrochen halte. [2] Was nützte also die kaiserliche Allianz überhaupt! [3] Man fühlte sich in Holland getäuscht und verlassen trotz der grossen Opfer an Geld, welche man bringen wollte. Die grossen Hoffnungen, welche das Erscheinen der von Natur gegebnen Bundesgenossen begleitet hatten, waren in perfidester Weise getäuscht worden: Nicht nur die zugesagte Hilfe war ausgeblieben und alle darauf gegründeten Pläne und Massregeln umsonst gethan, sondern — was das Empfindlichste war — das Vertrauen auf Treu und Glauben war gänzlich untergraben worden. Man

---

1 Rel. Lis. d. d. Haag, den 15. Dec. 1672. —

2 Lis. an Hocher d. d. Haag, den 5. Dec. 1672. —

3 Ebenda. —

hatte sich durch die Subsidialgelder nur die bittre Erfahrung erkauft, dass thatkräftige Bundesgenossen nicht zu finden seien; und nach den langen Verhandlungen zur Gewinnung von Allianzen war man nun wieder allein dem furchtbaren Feinde gegenüber und noch allein, obwol Winter und Fröste schon bedenklich herannahten, welche man sich selbst als Termin für die Rettung des Staates durch auswärtige Mächte oder als Termin — für den Untergang durch die Franzosen gesetzt hatte. Das Sinken des Vertrauens in die Zukunft Hollands, das Sinken des Credites und das Fallen der Course war somit mehr als begründet; und nur die ausserordentliche Geschicklichkeit Lisolas im Auffinden immer neuer Entschuldigungen für die kaiserliche Politik und das Vertrauen, welches man in Holland selbst auf die Person dieses Gesandten setzte, bewirkten dass dieselben bis Anfang December nicht weiter als auf 80% [1] herabfielen. Aber wenn die endliche Auswechselung der Ratificationen auch schliesslich am 13. December erfolgte, so konnte man nach den gemachten Erfahrungen der formellen Besiegelung dieser einst mit so grossen Erwartungen eingegangenen Alliance nicht mehr die hohe Bedeutung beilegen, welche sie andernfalls ohne die Ereignisse der letzten Monate gehabt haben würde; und nur der Einwendung Lisolas, dass der Kaiser, was er bisher gethan, ja ohne die geringste Verpflichtung und nur Holland zu Liebe gethan habe, und dass nach Unterzeichnung des Vertrages erst die pflichtmässige Thätigkeit der Alliirten beginnen werde, war es zu danken, dass man dieser Formalität doch noch einige Bedeutung beilegte und die Course — Mitte December 1672 — auf 83 und 84% steigen liess. [2] Es

---

1 Rel. Krampr. d. d. Haag, den 5 Dec. 1672. —

2 Rel. Lis. d. d. Haag, den 15 Dec. 1672. — Lis. berichtet zwar in seiner Relation vom 1. April 1673: passim enim eo tempore, quo permutavimus ratihabitiones, vendebantur nonaginta procentum etc.; allein da aus jenen Decembertagen gleichzeitige Berichte über den Stand der Course vorliegen und ein derartiges Steigen auch gar nicht motivirt erscheint, so beruht jener Coursbericht Lisolas vom April 1673 jedenfalls auf einem Gedächtnissirrtum. —

bedurfte indessen unter sotanen Umständen nur eines starken Frostes und einiger Anstalten der Franzosen zu einer Promenade über das Eis nach Amsterdam, um diese vertragsmässige aber nicht vorhandene Hilfe der Bundesgenossen ganz zu vergessen und in Holland eine Stimmung hervorzurufen, welche die unmittelbar nach den Ereignissen des Juni insofern noch übertreffen musste, als man jetzt wusste, dass keine Rettung von ausserhalb mehr zu erwarten war.

Auch diese bittre Lection sollte dem Holländischen Volke nicht erspart bleiben.

Grösste Depression der Börse.

Schon seit Mitte November sprach man in Holland viel von einem grossen Vorhaben des Prinzen. Kein Zeitungsschreiber durfte etwas über den Aufenthalt desselben oder über die Stellung seiner Armee schreiben und drucken. Allgemeine Betstunden wurden zum guten Fortgang der Sache angeordnet. [1] Alles war auf den Ausgang dieses geheimnissvollen Unternehmens, welchem Jedermann eine Entscheidung über das Schicksal Hollands beimass, aufs Höchste gespannt. Mitte December hörte man unter der Hand, dass es der Belagerung eines Ortes gelte; aber welches der Ort sei, war nicht zu ermitteln. Der kaiserliche Gesandte Lisola, welcher auf Befehl seiner Regierung Holländische Staats-Obligationen, die er als Bezahlung der Subsidien erhalten, verkaufen sollte, wartete auf den Ausgang dieses Vorhabens — in der sicheren Hoffnung, dass das mit so grosser Umsicht und Eifer vom Prinzen eingeleitete glücken, und die Course infolgedessen derartig steigen würden, dass er ohne nennenswerten Verlust würde verkaufen können. [2]

Aber Aller Erwartungen wurden wieder getäuscht.

Statt der heissersehnten Siegesbotschaften kam am 27. December die Hiobspost, dass der Anschlag des Prinzen auf Charleroy missglückt und er unverrichteter Dinge und mit grossen Verlusten wieder habe abziehen müssen. Und um das Unglück voll zu machen, brach an demselben Tage der Herzog von Luxemburg — die Abwesenheit des Prinzen und die strenge Kälte, vermöge deren das unter Wasser gesetzte Land fest zugefroren war,

---

[1] Rel. des Krampricht, d. d. Haag, den 17 Nov. 1672. —

[2] Lisola an d. Kaiser, d. d. Haag, den 26 Dec. 1672. —

benutzend — plötzlich von Woerden in der Provinz Holland auf, um das nur vier Meilen entfernte Amsterdam und damit das ganze noch übrige Holland durch einen Handstreich zu nehmen. Er avancirte zum grossen Schrecken der Bürger von Amsterdam, welche nach alter Weise noch einmal alle bis auf den schwächsten Greis die Waffen ergriffen und die Wälle besetzt hatten, bis Bodegraven: da sprang der Wind um; mit Mühe zum Theil schon im Wasser watend — gelangten die Franzosen zurück nach Utrecht. —

Man kann sich denken, wie unter dem Eindruck solcher Nachrichten und den siegreichen Feind in gefährlichster Nähe die Stimmung im Haag und Amsterdam gewesen sein mag: Man war wieder einmal am Rande der Verzweiflung.

Auch die mit so grossem Enthusiasmus nach Beseitigung der alten eingesetzte Regierung des Prinzen hatte nur Misserfolge und Schlappen aufzuweisen, und nur dem Zufalle der Aenderung des Windes war es überhaupt zu danken gewesen, dass der Staat noch bis zum nächsten Froste gerettet war; denn auf menschliche Hilfe schien man nicht mehr rechnen zu dürfen. Auch das war der Regierung nicht gelungen, kräftige Helfer in der Not zu gewinnen: die Bundesgenossen, welche man durch feierliche Verträge gewonnen zu haben geglaubt hatte, hatten den Staat allen Verpflichtungen zum Trotz in grösster Not im Stich gelassen. Nicht nur hatten sie nicht vermocht, durch militairische Operationen das schwer bedrängte Holland in irgendwie nennenswerter Weise zu erleichtern, sondern im Gegentheil fristete die theuer erkaufte Hilfsarmee, während der Feind in das Herz der Provinz Holland drang, fern im Süden des Reiches ein unthätiges Dasein. Nach langem Zaudern war sie vom Main und Rhein, über den sie so eben erst eine Brücke geschlagen, wieder hinweggezogen, um wiederum nach Westfalen zu marschiren, von wo sie hergekommen war! Es waren Tage furchtbarer Aufregung und Niedergeschlagenheit.

Es galt nun in Holland für selbstverständlich und ausgemacht, dass die Alliirten nur deshalb in so eigentümlichen Windungen marschirt seien, um jeden Conflict mit den Franzosen zu vermeiden, und durch den Schein von Thätigkeit dem Vertrage äusserlich zu genügen, nur um die Subsidien zu verdienen, ohne thatsächlich etwas dafür zu leisten: Nur zum Schein seien sie auf den Rhein losmarschirt und nach Westfalen hätten sie schon vor drei Monaten gelangen können. Jetzt gehe man dahin zurück, nachdem die Jahreszeit selbst eine kräftige Aktion gegen den Feind verbietet. Man hörte in Holland sogar von freundschaftlichen Beziehungen der verbündeten Heerführer zu Französischen Gesandten, welche sich in der Nähe des deutschen Heeres aufhielten, und dass man französische Gefangne wohl tractirt und «ohne rancion» zurückgeschickt habe.[1] Die Einwendungen der kaiserlichen Gesandten, welche selbst das Benehmen ihrer Regierung nicht begriffen, konnten dagegen wenig ausrichten.[2] Was man seit den unglücklichen Junitagen in Holland an Kräften und Bundesgenossen mit Mühe und Not gesammelt hatte, um Eventualitäten wie die eben geschehenen zu verhüten hatte sich untauglich erwiesen. Das grosse Kapital, welches man in der Erkaufung von Bundesgenossen angelegt hatte, schien weggeworfen. Der Staat häufte nutzlos Schulden auf Schulden; und der nächste Frost konnte ihm den gänzlichen Untergang bringen. Die Zukunft Hollands schien nach Ausschluss der nun erfahrungsmässig unzurechnungsfähigen Bundesgenossen nur noch von der Witterung abzuhängen; und je nachdem Thauwetter oder Kälte eintrat, der Wind von Westen oder von Osten kam, wechselten Furcht und Hoffnung auf die Zukunft einander ab. Die Möglichkeit noch längerer Fristung der Existenz des Staates erschien nicht grösser, als die Wahrscheinlichkeit seines Untergangs: Genau geben die Course der letzten Decembertage diese Stimmung der öffentlichen Meinung wieder; man wollte für die Staatsobligationen nicht mehr als —

[1] Rel. des Krampr. d. d. Haag, den 26 Dec. 1672. —

[2] Lis an Hocher, d. d. Haag, den 26 Dec. 1672. —

höchstens 50 und 55% geben. [1] Mit diesem Course schloss die Amsterdamer Börse das ereignissvolle Jahr 1672: Er war um 10% niedriger als derjenige, mit welchem man nach den ersten grossen Unglücksschlägen und fast noch an Allem verzweifelnd zu rechnen angefangen hatte. —

Das war nun freilich eine unhaltbare und darum vorübergehende Situation.

Wie eine aufs Höchste gespannte Stimmung dieser Art naturgemäss nicht lange andauert, sondern entweder in Verzweiflung auszuarten, oder — wenn das Unglück für den Augenblick Halt macht — wieder in allmähliche Beruhigung überzugehen pflegt, so war es auch hier der Fall. Verschlimmerte sich die Lage nicht weiter, trat kein Frost ein, konnte man annehmen, dass der Höhepunkt der Gefahr überwunden war, so mussten die geängstigten Gemüter in Holland wieder Herr ihrer selbst werden und sich sammeln. Einige kleine wenigstens nicht ungünstige Ereignisse, welche in Momenten dieser Art immer eine weit über ihren wirklichen Wert hinausgehende Wirkung zu üben pflegen, kamen der allgemeinen Beruhigung zu Hilfe. Man hörte, dass der Prinz wieder glücklich im Lager angekommen sei, um den Schutz des Landes zu übernehmen; und das eingetretene Regenwetter machte ausserdem weitere Actionen des Feindes vor der Hand unmöglich. [2]

Dann kam sogar die Nachricht, dass der Bischof von Münster die Festung Coeverden verloren, und der Brandenburgische General Spaen 1800 «Münstersche» geschlagen habe. [3] Konnte auch alles dies zur Rettung des Staates wenig beitragen, so mussten solche Nachrichten doch moralisch günstige Folgen haben; die

---

1 Diese Daten entstammen dem „Votum über des Goës Schreiben pp. d. d. Wien den 30 Jan. 1673." Woher man in Wien diese Nachricht hatte, ist nicht ersichtlich, da weder Lisola noch Krampricht in ihren (vorhandenen) Relationen von einem derartigen Fallen der Course berichtet hatten. Gleichwol ist die Sache sehr glaublich. —

2 Rel. des Krampr. d. d. Haag, den 2 Jan. 1672. —

3 Rel. dess. v. 9 Jan. 1673. —

gänzliche Niedergeschlagenheit verlor sich ein wenig, und man fasste wieder soviel Mut, um wenigstens in den zu Wasser und zu Lande betriebenen Rüstungen zu weiterem energischem Widerstande fortzufahren. Mit dem neubelebten Mute stieg aber das Vertrauen und mit diesem — die Course: Lisola konnte am 21 Januar 1673 bereits seiner Regierung melden, dass ihm schon wieder 76°/₀ geboten worden seien. [1]

[1] Lis. an Hocher d. d. Amsterdam, den 21 Jan. 1673. —

Gedrückte Course infolge des zweideutigen Benehmens der Bundesgenossen.

Dieser Cours würde sich vielleicht zunächst erhalten haben, wenn nicht die befreundete Hilfsarmee — nicht allein durch ihre gewöhnliche Unthätigkeit, sondern durch die ganz besondre Art derselben notwendigerweise wieder eine neue Baisse hätte zu Wege bringen müssen.

Flösste vordem das Bewusstsein einer wenn auch fernen und völlig unthätigen so doch wenigstens vorhandenen Hilfsarmee der geängsteten öffentlichen Meinung in Holland doch immerhin eine Art von Beruhigung und schwacher Hoffnung auf mögliche Hilfe ein, an welche man sich wie der Ertrinkende an einen Strohhalm klammerte, gegenüber der traurigen Gewissheit, dass nach dem Verschwinden auch dieser unbrauchbaren Bundesgenossen überhaupt kein Helfer mehr vorhanden sei, so musste die grausame Entziehung auch dieses letzten Hoffnungsschimmers nun umgekehrt wieder eine den inneren moralischen Wert desselben weit übersteigende praktische Wirkung hervorbringen, welche in der bisherigen thatsächlichen Unterstützung der Bundesgenossen keinerlei Begründung hatte: Die Alliirten thaten Alles, um diesen letzten Schimmer von Hoffnung, welchen sie durch ihren endlichen Marsch nach Norden in Holland hervorgerufen hatten, nun sogleich wieder in unedelster Weise zu vernichten. Denn nicht nur blieben sie auf dem eingeschlagenen Marsche nach Norden im Paderbornschen wieder in strafwürdiger Trägheit liegen — unten allen Anzeichen, den Weitermarsch zur Verbindung mit den Niederlanden nun gar nicht mehr zu wagen, sondern man musste sogar erleben, dass diese theuer erkauften Bundesgenossen die in ihrem Machtbereiche gelegnen Gebiete der beiden feindlichen Bischöfe von Köln und Münster ängstlich — als befreundete Mitstände des Reiches — schonten, die Güter des Holländischen Feldmarschalls und Reichsstandes Grafen Georg Friedrich von Waldeck dagegen allen Kriegschikanen unterwarfen, und dass — um das Maass dieser eigentümlichen Art von Bundesgenossenschaft vollzumachen — der kaiserliche General Montecuculi ausserdem zu dem wilden Bischof von Münster sogar in die freundlichsten Beziehungen trat![1] Nach dem geflissentlichen Ausweichen vor allen Feindseligkeiten mit den Franzosen nun auch noch Schädigung der Freunde und Liebäugeln mit dem Feinde! Das Vertrauen auf die Ehrlichkeit der Bundesgenossen hätte ganz anders begründet sein müssen, um nicht nach diesen neuen Erfahrungen wieder in Holland die heftigste Bitterkeit über Bundesgenossen, die unglückliche Regierung und die schlechte Zukunft zu erzeugen. Das alte Gespenst der heimlichen Traktaten zwischen Österreich und Frankreich tauchte natürlich wieder auf und mit ihm jene in Holland schon so oft durchgemachte Reihe von Empfindungen, deren letzte die Hoffnungslosigkeit ist. Es erfolgte nun das gewöhnliche Resultat dieser Gemütsaffectionen der öffentlichen Meinung in Holland: Der Depression der Gemüter entsprach die Depression der Course. Man wollte Anfang Februar nicht mehr als höchstens 70% zahlen:[2] Noch 6% wertgeschätzt hatte man also in Amsterdam das Bewusstsein, eine ferne und faule Hilfsarmee zu haben!

Da wurde den Halbverzweifelten denn diesmal vom — Feinde die rettende Hand zur Verhütung gänzlicher Mutlosigkeit geboten. In der allgemeinen Verwirrung, in welcher man sich infolge jener Treulosigkeiten der Bundesgenossen befand, trat grade jetzt — Anfang Februar 1673 — von glaubwürdiger

---

1 Lis. an Hocher d. d. Haag, den 20 Febr. 1673. —

2 Lis. a d. Kaiser d. d. Haag, den 20 Febr. 1673. —

Seite das Gerücht auf, dass die Franzosen sich durch die Vermittlung der Schwedischen Gesandten im Haag aufs Neue zu Friedensverhandlungen erboten hätten; und die Letzteren brüsteten sich sogar öffentlich, einen für Holland günstigen Frieden in der Hand zu haben, wenn man sich nur zu Unterhandlungen verstehen wollte. [1]

Aber grade die Erwartungen, welche allseitig wenn auch in verschiedenem Sinne dieses Gerücht hervorrief, klärte die deprimirte öffentliche Meinung wieder über sich selbst auf.

Der süsse Name des Friedens lockte freilich nicht wenige der unter der furchtbaren Kriegslast seufzenden Bürger; und auch manche und einflussreiche Mitglieder der Regierung konnten sich nach den mit den Bundesgenossen gemachten schlimmen Erfahrungen dem Gedanken nicht entschlagen, dass man es mit den Unterhandlungen einmal versuchen könnte, um wenigstens jenen glänzenden Erbietungen auf den Grund zu kommen und sich Klarheit über die Absichten der Feinde zu verschaffen. [2] Der besonnennere Theil des Volkes dagegen fasste grade wegen dieses Edelmutes der Franzosen Misstrauen gegen jene Friedenserbietungen, indem er sich sagte, dass dieser Edelmut durch nichts begründet offenbar nur dazu dienen solle, die Widerstandsbemühungen der Holländer und ihrer Freunde lahm zu legen, um ihnen dann einen den bisherigen Kriegsereignissen entsprechenden weder ehrenvollen noch günstigen Frieden zu dictiren. Und zeigte sich auch augenblicklich noch keine Möglichkeit für Holland, dem Kriege eine günstigere Wendung zu geben, so hatten doch auch die militairischen Erfolge der Feinde an den Gewässern ihre Grenzen erreicht, welche sie trotz aller Bemühungen und Versuche nicht hatten überschreiten können. Ein weiterer Widerstand konnte die Feinde nur abmatten, aber

---

[1] Lis. an Hocher d. d. Haag, den 13 Febr. 1673. —

[2] Grossmann a. a. O. pg. 89. — Rel. Lis. v. 6 Febr. 1673. —

weder einen späteren und besseren Frieden hindern, noch einen schlechteren als den zuerst gebotenen zur Folge haben.

Während so in Holland die Ansichten sich theilten und schwer zu sagen war, ob die Kriegs- oder die Friedenspartei die Oberhand behalten würde, schien es dem Zufall anheimgegeben, durch irgend eine weitere Nachricht oder ein Ereigniss der einen von beiden das Uebergewicht zu verschaffen. Der Prinz seinerseits an der Spitze des mutigeren Theiles der Regierung fuhr inzwischen fort unbeirrt um gegentheilige Ansichten energisch weiter zu werben nnd zu rüsten — entschlossen sich lieber auf seine Privatgüter ins Römische Reich zurückzuziehen und als Privatmann weiter zu leben, als einen nicht ehrenvollen Frieden einzugehen; und nichts konnte diese an erster Stelle vertretne Ansicht mehr stärken und sie sogleich zur maassgebenden machen, als irgendwelche nur nicht ungünstige Nachrichten vom Kriegsschauplatze.

«Wenn Gott nur ein wenig unsere Waffen segnet, so sind uns die Beutel Aller offen» — schrieb Lisola am 13 Febr. 1673 an Hocher nach Wien jene Stimmung in Holland sehr richtig beurteilend, nachdem er ihm auseinandergesetzt, dass unter den augenblicklichen Verhältnissen wegen ihrer Unsicherheit und allgemeinen Misstrauns überhaupt kaum noch möglich sei, Geld aufzutreiben. — Wirkliche Erfolge hatte nun freilich die alliirte Armee auch jetzt nicht zu melden; aber doch etwas, was die von den verschiedensten Stimmungen bewegte, nach günstigen Nachrichten begierige und daher etwas gereizte Phantasie der öffentlichen Meinung in Holland aus der Ferne dafür halten konnte: Auf dem Marsche der kaiserlich-brandenburgischen Armee nach Soest in Westfalen hatte es sich — mehr zufällig als absichtlich — ereignet, dass am 5 Februar bei Werle die beiden feindlichen Armeen in Schlachtordnung einander gegenüber traten, aber Turenne, in dessen Plan die Schlacht nicht lag, derselben geschickt ausgewichen war, worauf die deutsche Armee ihren Marsch in der Richtung nach Norden gegen den Bischof von Münster unbelästigt fortsetzte. Die Nachrichten, welche über diese Vorgänge nach Holland gelangten, brachten daselbst die Meinung hervor, dass Turenne die Schlacht gefürchtet und sich retirirt habe, und dass der Kurfürst von Brandenburg nun fest entschlossen sei, die beiden feindlichen Bischöfe empfindlich, zu züchtigen: [1] Das brachte die Kriegspartei, deren Politik unter den augenblicklichen Verhältnissen den Interessen der Nation mehr zu entsprechen schien, nun sogleich aufs Oberwasser. Die Antwort an die Schwedischen Friedensvermittler wurde nicht nur verzögert, sondern sogar mit Lisola, dem grössten Gegner des Friedens, beraten; und man machte in Holland noch einmal — zum letzten Male — die ganze Reihe von Hoffnungen durch, welche man noch an jeden Waffenerfolg geknüpft hatte. So geriet denn auch die Börse in Amsterdam in eine angenehme Aufregung und belohnte dieselbe sogleich mit einer Hausse von 8%: Mitte Februar hatten die Obligationen wieder einen Wert von 78%; und Lisola hoffte in demselben Wahne befangen binnen kürzester Zeit ein weiteres Steigen der Course — sogar bis auf pari. [2]

Aber diesem Freudenrausche folgte wieder wie gewöhnlich die Ernüchterung auf dem Fusse und zwar eine Ernüchterung, wie sie gründlicher nicht sein konnte.

Die alliirte Armee rückte nach jener Begegnung mit Turenne unbelästigt vom Feinde wohl bis Hamm und zur Lippe vor; allein die Verfehlung der Cooperation derselben mit der des Prinzen von Oranien und die Verstärkung, welche Turenne inzwischen erhielt, führten im deutschen Hauptquartier zu dem nach Lage der Dinge zwar keineswegs gerechtfertigten, aber der bisherigen Kriegführung der Alliirten entsprechenden Ent-

---

[1] Lis. a. d Kaiser d. d. Haag, den 20 Febr. 1673: quod excreverint (obligationes) ad 78 ab eo tempore, quo intellexerunt copias nostras imperrexisse et Gallos detrectasse prælium. —

[2] Ebenda. —

schlusse, nun — keine weitere Bewegung gegen den Feind mehr zu wagen, sondern wieder — umzudrehen. Mit ungewohnter Energie folgte dem Entschlusse die That: Der Rückmarsch nach Lippstadt d. h. — nach Süden grade von Holland hinweg wurde sogleich angetreten. — Somit war man in Holland wieder um eine Hoffnung ärmer und um eine bittre Erfahrung reicher geworden. Man hatte gehofft und als selbstverständlich angesehen, dass nach dem Verlassen des Rheines die alliirte Armee nun wenigstens von Westfalen aus der Holländischen die Hand reichen werde, und die letzten günstigen Nachrichten vom Kriegsschauplatz hatten diese Meinung nur bestärkt. Und jetzt dieser plötzliche und nach den letzten Vorgängen völlig unerklärliche Umschlag! [1] Bald erfuhr man auch im Haag von dem bevorstehenden gänzlichen Abfall des Kurfürsten von Brandenburg von der Alliance und seinen vertragswidrigen einseitigen Verhandlungen mit dem Feinde. Die Brandenburgischen Gesandten im Haag, Blaspiel und Romswinkel, hörten nur Schimpf und Spott und mochten sich nicht öffentlich sehen lassen. War aber auf den Kurfürsten nicht mehr zu rechnen, welcher mit so grosser Opferfreudigkeit in diesen Krieg gezogen war, was war dann vom Kaiser zu erwarten, dessen General mit den Feinden der Holländer fortwährend in den verdächtigsten Beziehungen stand! Und während noch diese Nachrichten vom Kriegsschauplatze in Holland «grosse Consternation» hervorbrachten, [2] kam von Norden noch eine weitere Rabenpost.

In Holland hatte man geglaubt, keinen besseren Freund zu besitzen, als das Englische Volk und das Parlament, welche beide ja in der That wegen der Verbindung ihres Königs mit dem katholischen Frankreich und der Bekämpfung der protes-

[1] Dieser Entschluss, die Armee zu theilen und den Kriegsschauplatz zu verlassen, war selbst für den bisherigen Anführer der kaiserl. Truppen, Montecuculi, welcher seit einigen Wochen von der Armee beurlaubt war, überraschend. S. Peter: Der Krieg des Grossen Kurf. geg. Frankreich. pg. 131. —

[2] Rel. des Krampr. d. d. Haag, den 3 März, 1673. —

tantischen Niederlande sich in dem denkbar grössten Widerspruche mit demselben befanden. König Ludwig, dies wohl wissend, hatte die Berufung des Parlamentes, welche schon im November 1672 stattfinden sollte, durch Spendung grosser Geldsummen an König Karl zu hintertreiben gewusst, um eben die öffentliche Missbilligung der Englischen Nation über diese Politik ihrer Regierung nach Möglichkeit hinauszuschieben; und schon damals hatte man das Gelingen dieser Intrigue in Holland für ein Unglück gehalten. Jetzt musste es zum 14 Februar als letztem durch die Verfassung vorgeschriebenem Termin berufen werden; und von Seiten Hollands war Alles geschehen, um das gegen seine Regierung ohnehin schon aufsessige Parlament noch mehr aufzustacheln. Prinz Wilhelm liess — um Beide noch mehr zu entzweien — grade jetzt dem König Karl den Waffenstillstand zur See anbieten — ein Anerbieten, welches im Hinblick auf die furchtbare Schädigung des Englischen Handels durch die unzählichen Holländischen Kaper und das infolgedessen immer lauter werdende Verlangen des Volkes nach Frieden wohl dazu verleiten konnte, die Verbindung mit Frankreich zu lösen. Die Parlamentarier wurden im Geheimen mit Geld und guten Worten bearbeitet, ihnen jenes Waffenstillstandsanerbieten gleichfalls zur Pression auf ihre Regierung angedeutet und ihnen versprochen, falls sie nur das Auslaufen der Englischen Flotte nicht zuliessen, so wolle man den Holländischen Kapern den Angriff auf Englische Schiffe untersagen. In besonderen Flugschriften wurde dem Englischen Volke die Verderblichkeit der Politik seiner Regierung zu Gemüte geführt. [1] Und trotz alledem bewilligte das Parlament dem Könige doch 70.000 ℔ Sterling zur Fortsetzung des Krieges gegen Holland; und der Grosskanzler von England hielt dabei eine Rede, in welcher er mit dem Hinweis auf die Niederlande sagte: Carthaginem esse delendam! [2]

[1] Lis. an Hocher d. d. Haag, den 20 Febr. 1673. — Grossmann a. a. O. pg. 106. —
[2] Rel. des Krampr. d. d. Haag, den 6 März 1673. —

Abfall des Bundesgenossen, der sich einst selbst zum Kampf gegen den allgemeinen Feind erboten hatte, und Täuschung in denjenigen, auf deren Freundschaft man sich in aller Not wie auf einen Rettungsanker verlassen hatte! Man sollte meinen, dass auf diese Hiobsposten von Norden und Süden, während der Feind nur wenige Meilen noch von Amsterdam stand, die öffentliche Meinung in Holland — nun endlich an weiterem Widerstande verzweifelnd — sich dem Feinde in die Arme geworfen hätte, der den Frieden fortwährend so verlockend darbot, um durch aussichtslose Fortsetzung des Widerstandes nicht noch einen späteren und nicht besseren Frieden zu erwerben. — Aber ganz das Gegentheil erfolgte: Unberechenbare moralische Factoren verschafften sich Geltung. —

Steigen der Course beim Abfall der Bundesgenossen.

Nachdem die allgemeine Consternation nach den furchtbaren Schlägen im Juni in Holland vorüber war, und die Geister sich gesammelt hatten, entwickelte sich bald jene dem Nordgermanen eigne zähe Widerstandskraft gegen den eindringenden Feind: Bald zwang eine Bürgerschaft nach der andern ihre Magistrate, Gut und Blut zur Vertheidigung ihrer Mauern und ihres Glaubens einzusetsen; eine Provinz nach der andern erklärte, in keinen Frieden zu willigen, der dem Lande Verkleinerung bringe; und die Erwerbung mächtiger Bundesgenossen liess sogar wieder mit einigem Vertrauen in die Zukunft blicken. Dann zeigten sich wohl die theuer erkauften Bundesgenossen gänzlich unverlassbar, und man ward im Laufe der Ereignisse nicht selten der Verzweiflung nahe gebracht; aber grade die Unfähigkeit der Alliirten und die Zufälle, welche ein weiteres Vordringen des Feindes trotz alledem seit Monaten verhindert hatten, hatten gezeigt, dass man dann allein verloren sei, wenn man sich selbst aufgäbe: So hatte man sich endlich selbst wiedergefunden. Der junge Prinz Wilhelm von Oranien ging mit dem besten Beispiel von Standhaftigkeit und Opfermut Allen voran. Auf die Nachricht von dem Abfall des Kurfürsten erklärte er sogleich, dass er gleichwol das Äusserste thun werde, um Holland zu defendiren. [1] Umfassend liess er — trotz der fortgehenden Waffenstillstandsverhandlungen — an Heer und Flotte weiterrüsten und stellte, um die Obligationen nur im Cours zu erhalten, seine eignen Güter zum Unterpfande. — So erfolgte denn keineswegs die grosse Baisse, welche auch

[1] Ebenda.

die kaiserlichen Gesandten nach dem Eingang jener Rabenposten erwartet hatten: Die Course fielen nur um jene 8%, welche sie auf die letzten günstigen Nachrichten vom Kriegsschauplatze gestiegen waren.

Dieses standhafte Ausharren, diese patriotische Entschlossenheit, zu welcher man sich endlich im Andenken an den achtzigjährigen Widerstand der Väter gegen die Spanische Weltmacht wiederaufgerafft hatte, konnte nun durch die weiteren Hiobsposten nicht wesentlich mehr erschüttert werden. Im Gegentheil: Der Abfall der Bundesgenossen, in welche man ein so grosses Kapital gesteckt, das nicht einmal die Zinsen eingebracht hatte, der Bundesgenossen, deren Operationen nichts als Unsicherheit in die eignen Massnahmen gebracht hatten, musste unter solchen Umständen als eine Erleichterung des Budgets und als eine Befreiung von Rücksichten und Massregeln erscheinen, welche sich als Hindernisse erwiesen hatten. Thatsächlich hatte man bisher dem Feinde nur allein Widerstand geleistet, die Bundesgenossen dagegen nur Geld in Empfang genommen. Verwandte man dieses Geld in der Folge für eigne Rüstungen, so konnte man um so bessere Resultate erwarten. Die Kaufmännischen Holländer berechneten dies sogleich; und die gewonnene Zuversicht auf die eigne Kraft stärkte unter solchen Umständen das Vertrauen auf eine bessere Zukunft mehr, als die Nachricht von den Friedensverhandlungen des Kurfürsten von Brandenburg mit Frankreich, der Trennung der Brandenburgischen Armee von der kaiserlichen, dem Rückzuge der ersteren hinter die Weser, der letzteren nach Franken der Hoffnung auf eine glücklichere Fortsetzung des Krieges schadete. Je mehr sich nun zeigte, dass man auch allein im Stande war sich zu behaupten — wobei die Jahreszeit mit Thauwetter und Regen zu Hilfe kam — desto mehr wuchs das Vertrauen auf die eigne Kraft und die Zukunft. Und dem wiederkehrenden Selbstvertrauen entsprach naturgemäss der Selbstcredit, sodass, nachdem man sich in die durch den Abzug der Alliirten geschaffnen neuen Verhältnisse einmal gefunden hatte, die Course nicht nur nicht weiter sanken, sondern auch ohne besondre auch nur kleine eigne Erfolge allmählich wieder stiegen — Ende März 1673 auf 75°/₀,[1] und Mitte April konnten die Obligationen mit nur 20°/₀ Verlust verkauft werden.[2] Mit diesem steigenden Course begleitete die Amsterdamer Börse das Verschwinden der alliirten Armee nach Osten und Süden. Die Amsterdamer Kaufleute verliessen sich mehr auf den letzten Rest von Mut, welchen das halbverzweifelte und ruinirte Holländische Volk noch hatte, als auf die weitere Unterstützung des Oberhauptes der Christenheit und des mächtigsten Reichsfürsten. Es war die schneidigste Kritik dieses erbärmlichen kaiserlich-brandenburgischen Feldzuges. —

Wir haben nun gesehen, welche Momente den bisher vollgiltigen und unbestrittenen Wert der Holländischen Staatsschuldscheine gleich nach dem Beginn des Krieges mit Frankreich in Zweifel gezogen, das Steigen und Fallen der Course verursacht hatten. Es waren in erster Linie die thatsächlichen Kriegsereignisse und dann die subjective Auffassung derselben seitens der öffentlichen Meinung in Holland, die allgemeine Europäische Politik und Gerüchte, sogar Wärme und Kälte hatten die Börse nicht unerheblich beeinflusst. Hoffte doch der Kaiser selbst — Januar 1673 — nach dem furchtbaren Sinken der Course im verflossnen Monat — mit unbeabsichtigter Anerkennung, dass seine Armee nichts dazu beitragen werde, — dass die Course wieder steigen würden, «weil das Eis widerumb aufgangen.»[3] In den zehn Monaten vom Juni 1672 bis März 1673 war der Cours der Staatspapiere ungeheuren Schwankungen unterworfen

---

[1] Lis. a. d. Kaiser d. d. Brüssel, den 1 April 1673. —

[2] Rel. des Krampr. d. d. Haag, den 13 April 1673. — Lis. an Hocher d. d. Haag, den 15 April 1673. —

[3] Votum des Geh. Rates d. d. Wien, den 30 Jan. 1673. —

gewesen — von Wertlossigkeit derselben bis fast zu pari. Als die Kaufleute im Juli 1672 den Wert der Obligationen untersuchten, fixirten sie ihn zu 60%; beim Heranmarsch der Bundesgenossen — im September 1672 — stieg er auf 95%, der höchsten erreichten Höhe. Die Abschwenkung derselben nach Süden machte den Cours bis Mitte December mit geringen Schwankungen auf 80, die unvermutet unglücklichen Ereignisse der zweiten Hälfte dieses Monats auf 50% sinken. Die Umkehr der Alliirten vom Main nach Westfalen brachte ihn unter nicht unbedeutenden Schwankungen bis Anfang März 1673 wieder auf 70%; dem gänzlichen Abzug der Verbündeten ging dagegen merkwürdiger Weise eine allmähliche Hausse zur Seite. —

Einwirkung der Amsterdamer Börse auf die Europäische Politik.

Wenn nun die Europäische Politik sich in jenen Jahren fast ausschliesslich um Holland drehte, und die allgemeinen Weltverhältnisse wie die Strahlen der Sonne durch ein Brennglas auf die Holländischen Geldverhältnisse wirkten, sollte die Amsterdamer Börse, welche dieselben fast ausschliesslich in sich sammelte und concentrirte, nicht umgekehrt auch auf die Europäische Politik wirken? Da die Beziehungen der Holländer zu ihren Bundesgenossen und zu denen, die es werden wollten, vorzüglich auf den Subsidienzahlungen beruhten, so sollte man meinen, dass der Stand des Holländischen Geldes, ohne welches nach dem kaiserlichen Ausspruch Europa nicht leben konnte, sehr wesentlich diese Beziehungen beeinflusst haben musste.

Bezeichnend für die Neuheit dieses Momentes in den internationalen Beziehungen ist die Unkenntniss und das Misstraun, mit denen die Holland befreundeten Mächte die Zumutung, mit Obligationen statt baaren Geldes bezahlt zu werden, aufnahmen.

Als im April 1672 der Kurfürst von Brandenburg seinen Vertrag mit Holland abschloss, dachte noch Keiner der Contrahenten daran, dass die Subsidien anders als baar gezahlt werden könnten. Als dagegen wenige Monate später — im Juli — der Kaiser mit den Generalstaaten über ein Bündniss verhandelte, erklärten die Letzteren sogleich, die Subsidiën nicht in baarem Gelde, sondern nur in «Obligationen» zahlen zu können.[1] Die Holländer begründeten diese Zumutung damit, dass sie bei ihren ungeheuren Ausgaben zur Vertheidigung des Landes, dem Stocken aller Einnahmen und den vertragsmässigen Baarzahlungen an ältere Bundesgenossen — namentlich an Brandenburg — sehr leicht einmal trotz aller Versprechungen und guten Willens in den Fall kommen könnten, die fällige Rate am bestimmten Termine nicht baar erlegen zu können. Sie wollten daher, um diesen möglichen Uebelständen von vornherein vorzubeugen und um ihre Aufrichtigkeit zu bezeugen nur Wertanweisungen — Obligationen — geben, auf welche der Kaiser dann das baare Geld selbst und zu ihm beliebigen Zeiten erheben könne.[2] — So begründet erschien die Sache plausibel; aber selbst einem so welterfahrenen Manne, wie der kaiserliche Gesandte Lisola war, war diese Art von Wertzeichen völlig neu; und ehe er auf diese Vorschläge einging, erkundigte er sich erst bei einigen Amsterdamer Banquiers, ob sie auf Scheine dieser Art in der That baar Geld geben würden.[3] Erst als diese es bejahten, nahm er den Antrag ad referendum; erklärte aber selbst in seiner Relation dem Kaiser diese Art der Bezahlung als den Umständen angemessen.

In Wien dagegen, wo man von dieser Entwicklung des Holländischen Geldwesens natürlich keine Ahnung hatte, hielt man die Obligationen für nichts Anderes, als für die allbekannten Wechsel, auf welche die darauf vermerkte Summe — mit einigem Agio — an beliebigen Orten erhoben

[1] Rel. Lis. u Krampr. d. d. Haag, den 28 Juli 1672: quoad summam ducentorum millium Imperial. anticipandam maximas habuimus tricas ac molestias, eo quod id hoc rerum statu extra ipsorum potestatem situm foret, firmiter assererent, quod cum nulla alia ratione possemus evincere, in eo convenimus per specialem actum etc. etc., ut nobis obligationes et assignationes darent ac plenam satisfactionem nostram pro capitali et usura illius summae, ut ea mediante mutuam pecuniam nobis procuremus pro rata residuae summae, quam in paratis persolvere nequirent. — Siehe auch Beil. I. —

[2] Rel. Lis. u. Krampr. d. d. Haag, den 22 Sept. 1672 —

[3] Ebenda. —

werden könnte. Man hätte die Baarzahlung natürlich am liebsten gehabt, allein da das unter den augenblicklichen Umständen nicht erreichbar schien, und die Gesandten meldeten, dass Holland sich zwar positive und ohne einige Obligation oder Apochen zu besagten Subsidien hätte verpflichten, hernach aber sich mit der Unmöglichkeit davon entschuldigen können, wie es der Gebrauch bei denen Republiken ist,» [1] so fügte man sich der Notwendigkeit und ging merkwürdig schnell auf diese neue Art der Zahlung ein, verlangte aber — auf die unerklärlichen Schwankungen des Wertes dieser Art von Wechsel aufmerksam gemacht, — dass einige Holländische Kaufleute sich zur Annahme derselben zu einem bestimmten Course natürlich zu einem möglichst hohen — und zu bestimmten Zeiten — alle zwei Monate — verpflichten sollten! [2] Es kostete Lisola Mühe, seine Vorgesetzten von diesem unsinnigen Verlangen vertragsmässiger Festsetzung der Course abzubringen, ohne sie von dessen Unmöglichkeit überzeugen zu können. — Selbst der Gesandte einer so handelskundigen Nation, wie Dänemark war, konnte sich in Geschäften dieser Art nicht zurechtfinden. Er gestand dem kaiserlichen Gesandten Krampricht einmal, dass er auf keinen Fall seinem Könige raten würde, die Subsidien in Obligationen anzunehmen; denn — «entweder haben die Generalstaaten Credit oder keinen. Haben sie keinen, so seien die Obligationen umsonst. Haben sie Credit, so sollen sie selbst das Geld aufnehmen und seinen König zahlen.» [3] Es war vor der Hand unmöglich, ihn von dieser Ansicht zu bekehren. —

Man kann sich denken, dass bei diesem Mangel an Verständniss für eine so eigentümliche Art der Zahlungsmodalitäten und einem solchen Misstraun gegen die Ausführung der Fundamentalbestimmung aller mit Holland zu schliessenden Verträge die Rückwirkung dieser Geldverhältnisse auf die Politik

[1] Relatio Conferentiae pp. d. d Wien, den 13 Oct. 1672. —

[2] Kais. Rescr. v. 22 Oct. 1672 an die Gesandten im Haag. —

[3] Rel. des Krampr. d. d. Haag, den 13 Oct. 1672. —

der mit Holland in freundlichen Beziehungen stehenden Mächte ein mehr negativer — hemmender, als fördernder sein musste. Und in der That ist diese Wirkung bei allen Staaten, welche in dieser Zeit zu Holland in nahen Beziehungen standen oder in dieselben treten wollten, wahrzunehmen — zumal in der Politik des Wiener Hofes und der Dänemarks. —

Beeinflussung der kaiserlichen Politik durch die Amsterdamer Börse.

Der Kaiser — wie gesagt — ging, weil er die Gefahren jener Art Bezahlung noch nicht kannte und das Geld gern und bald haben wollte, auf den Antrag seiner eignen Gesandten ohne Umstände auf die Annahme der Obligationen ein.[1] Auch als Lisola meldete, dass die Generalstaaten ihre Schuldscheine nur zu 4% verzinsen, die Kaufleute dagegen auf dieselben nur zu 6% Zinsen Geld geben wollten, also nötig sei noch 2% hinzuzulegen, hatte er gegen diesen kleinen Abzug von der zu erhaltenden stattlichen Summe nichts einzuwenden. Lisola konnte in seiner Relation vom 22 September 1672 dem Kaiser dieses Opfer für die allgemeine Sache um so eher zumuten, als grade in jenen Tagen infolge der Bewegung der alliirten Armee gegen den Rhein der Cours in schnellen Sätzen sich dem vollen Werte der Obligationen näherte und Jedermann in Holland mit der anscheinend nahe bevorstehenden günstigen Wendung des Krieges auch die Wiederkehr der normalen Geschäftsverhältnisse für selbstverständlich hielt, von denen man sich der unerwartet unglücklichen Kriegsereignisse wegen nur gleichsam ausnahmsweise einmal entfernt hatte.

Das Fallen der Course infolge der Wendung der alliirten Armee nach Süden musste somit ein hervorragendes Moment bei den kaiserlich-holländischen Verhandlungen werden; denn weder hatten die Holländer im Entferntesten eine solche Aenderung der Kriegführung der Verbündeten für möglich gehalten,

---

[1] Relatio Conferentiae etc. d. d. Wien, den 19 Aug. 1672. —

noch die kaiserlichen Unterhändler ein abermaliges Fallen der Course bei ihren Berechnungen für die zu erwerbenden Subsidien irgendwie in Betracht gezogen. Es entstand infolgedessen nach jenem Umschlage beiderseits Verwirrung und Misstraun; — Unwillen in Holland über die treulosen Verbündeten und Zurückhaltung auf Seiten der kaiserlichen Gesandten, deren Annahme der Obligationen zu ihrem Nennwerte nunmehr zugleich die Anerkennung eines namhaften Verlustes an Subsidialgelden bedeutet hätte, welchen Lisola nicht wagte für den Kaiser zu übernehmen.[1] Je weiter die Armee nach Süden zog, je mehr die Course fielen — Anfang December 1672 hätte man 20% verloren —, desto mehr wich der kaiserliche Gesandte bei den Verhandlungen der Zahlung mit Obligationen aus.

Da indessen Lisola sein ganzes persönliches Interesse dem Zustandekommen dieses Vertrages gewidmet hatte,[2] liess er sich keine Mühe verdriessen, für die Geldfrage gleichwol eine erspriessliche Lösung zu suchen, indem er noch andre — vom Cours unabhängige — Zahlungsmittel ausfindig zu machen suchte.

200.000 Reichsthaler sollten dem Kaiser sofort erlegt werden. Da verlangte Lisola zu ihrer Liquidirung — angeblich um die ersten grossen Ausgaben für die kaiserliche Armee sogleich decken zu können — eine Anweisung auf die zwei Millionen, welche die Indische Compagnie dem Staate geliehen hatte.[3] Allein man erklärte ihm, dass dieses Geld schon seine Bestimmung hätte. Dann verlangte er, diese Summe in Hamburg auf Pfänder aufzunehmen und diese dann mit den Obligationen einzulösen; aber die Kaufleute, welche sich ehedem selbst hierzu erboten, antworteten ihm jetzt — Ende November 1672 — gar nicht auf seine Schreiben; sie wurden infolge der faulen Kriegführung

---

[1] Lis. an Hocher d. d. Haag, den 24 Nov. 1672 und an Dens. d. 5. Dec. 1672. —

[2] Grossmann: Lisola a. a. O. —

[3] Rel. Lis. u. Krampr. d. d. Haag, den 15 Dec. 1672. —

und der schlechten Aussichten auf die Zukunft «reservirt.» [1] Dagegen drängte der Kaiser in jedem Rescript — ohne zu ahnen, welche Verluste derartige Befehle für ihn zur Folge haben konnten, — auf Zahlung des Geldes: die Armee, welche man schon vor Abschluss des Vertrages Holland zu Nutze habe marschiren lassen, und welche durch Ablenkung der Feinde auf das Reich auch schon so grosse Erfolge erzielt habe, gehe unfehlbar zu Grunde, wenn nicht sofort gezahlt werde; während Lisola wiederum bei seinem besseren Verständniss der Dinge sich trotzdem gegen eine mit solchen Verlusten verbundne Zahlung der Subsidien sperrte. [2] So würde denn der Cours von 83% Anfang December 1672 noch fast verhängnissvoll für die endliche Ratification des kaiserlich-holländischen Vertrages geworden sein, — wenn nicht Lisola einsichtsvoll genug gewesen wäre, sich zu überzeugen, dass, wie die Dinge nun einmal lagen, man mit der Forderung der Baarzahlung Unmögliches von den Holländern verlangt hätte. Er gab nach, erklärte sich zur Annahme der Obligationen bereit, — verlangte aber, dass ihm der beim Verkauf der Obligationen entstehende Verlust durch neue Obligationen ersetzt werde. Das wurde ihm vorläufig versprochen und so endlich ratificirt. [3] —

Die Bezahlung der versprochnen Subsidien an den Kaiser erfolgte freilich auch jetzt noch nicht sogleich. Denn kaum vierzehn Tage nach der endlichen Ratification erfolgte jene plötzliche Entwertung der Papiere, welche das Resultat des unglücklichen Ausgangs der Belagerung von Charleroy und des Vorbruchs der Franzosen über das Eis gegen Amsterdam war. Lisola hatte in der Hoffnung auf erhebliches Steigen der Course nach dem glücklich vollführten Unternehmen des Prinzen mit dem Verkaufe der

---

[1] Lis. an Hocher, d. d. Haag, den 5 Dec. 1672: sed cunctatio nostra et periculum, quod sibi imminere credunt, totalis exitii reddunt eos magis strictos et reservatos. —

[2] Ebenda. —

[3] Relation vom 15 Dec. 1672. —

Obligationen gewartet: [1] Statt dessen waren die Anschläge des Prinzen missglückt, die der Feinde beinahe gelungen. Er konnte den jammernden Kaiser natürlich wieder nicht befriedigen und musste sich damit begnügen, ihm die Ursachen seines passiven Verhaltens klar zu machen. Aber grade dieses furchtbare Fallen der Course verfehlte auch in Wien seinen Eindruck nicht; man gelangte zur Überlegung und endlich zu einigem Verständniss für diese eigentümliche Art des Geldwesens. In einem Plane, den man in Wien neuerdings wieder auf das Holländische Geld fundirt hatte, zeigte sich die erste Wirkung dieses Verständnisses auf die allgemeine Politik und die Kriegführung.

Es war im letzten Feldzuge klar geworden, dass für die notwendige Ueberschreitung des Rheins nichts so hinderlich war, als dass man keines Passes über denselben im Voraus versichert war. Man dachte daher im Lager der Verbündeten daran, durch Unterhandlung mit einem am Rhein gesessnen Fürsten zu einem solchen zu gelangen; und in der That erklärte sich auch sehr bald der reichspatriotische Kurfürst von Trier bereit, den Alliirten seine Rheinbrücke zwischen Coblenz und Ehrenbreitenstein zu überlassen, wenn man ihn in den Stand setze, zur Sicherung dieser Brücke auf beiden Seiten des Rheines Brückenköpfe anzulegen und diese mit einigen Truppen zu besetzen, um sie wenigstens gegen Handstreiche französischer Streifparteien zu decken. Dieses Verlangen des Kurfürsten erschien billig; und man einigte sich dahin, demselben monatlich 5000 thlr. zu geben, wovon 2000 thlr. der Kurfürst von Brandenburg und 3000 thlr. der Kaiser selbst übernehmen sollte. Am 31 December 1672 wurde dieser Vertrag bis auf Ratification durch die beiderseitigen Regierungen von den Unterhändlern unterzeichnet.

Dass nun der Kaiser die Vorteile dieses Vertrages geniessen, das Geld aber nicht selbst zahlen wollte, war selbstverständlich;

---

[1] Lis. a. d. Kaiser, d. d. Haag, den 26. Dec. 1672. —

Es wurde also — dem Lisola befohlen, den Holländern darzuthun, dass das Misslingen des letzten Feldzuges vorzüglich an dem Mangel eines Rheinpasses gelegen habe, wie segensreich also dieser Vertrag mit Kurtrier auch für Holland, und dass infolgedessen auch billig sei, dem Kaiser einen Theil der Kosten zu vergüten. — Mit seiner gewöhnlichen Geschicklichkeit und im richtigen Moment diese Sache in die allgemeinen Verhandlungen einflechtend, [1] brachte Lisola in der That die Holländer dazu, dem Kaiser ausser den vertragsmässigen Subsidien noch 2500 thlr. monatlich für den Kurfürsten von Trier zu zahlen, [2] — von welcher Abwälzung natürlich weder der Kurfürst von Brandenburg noch der von Trier etwas wissen sollte. Somit war auch dieser Tractat auf die Holländischen Geldverhältnisse fundirt und zwar um so mehr, als der Kurfürst von Trier das Geld natürlich in baar erhalten, der Kaiser also die wahrscheinlichen Verluste beim Verkaufe der von den Holländern zu erhaltenden Obligationen aus eigner Tasche hätte ersetzen müssen, — ein Ersatz, der in Anbetracht des augenblicklichen Standes der Course höchst empfindlich hätte werde können. So überlegte man sich denn in Wien in einer Conferenz der Geheimen Räte am 26 Januar 1673 noch einmal, ob man den von den beiderseitigen Unterhändlern bereits unterzeichneten Vertrag mit Kurtrier nun auch ratificiren solle oder nicht. Man constatirte, dass «diese Trierschen Tractaten wegen der versprochnen Pass und Repass, auch der Festung am Rhein und Mosel und der ingefolgedessen möglichen Sperrung dieser Ströme für die Franzosen von einer solchen so guten und grossen Nutzbarkeit seien, die nicht auszusprechen;» man wollte sie daher zwar «in Allweg» aber derzeit nicht positive, sondern nur conditionaliter ratificiren, weil man erst vorher wissen wolle, «ob die Spanier die 2000 Mann völlig oder ein

[1] Grossmann a. a. O. —

[2] Rel. v. 15 Dec. 1672. —

Theil und was sie davon hergeben, auch wie und was Mitteln Kurbrandenburg die seinige 2000 thlr. und die Holländer die ihrige 2500 thlr. oder die völlige 3000 thlr. hergeben wollen und dieses um so viel mehr, weil auch Brandenburg nicht mit den obhabenden Ausgaben völlig allezeit gefolgen kann; es auch derzeit mit den Holländern so übel gethan, dass man auf ihre axionen das ist aestimationen und den Werth ihrer Obligationen jetzo bald etwas hohes bald aber weniges zu anticipiren bekommt. Wie dann von selbigen ein axion p. 100 von Anfang des Kriegs nur 80 hernach noch weiters herab und zunächst bei Verlassung Charleroy und hingegen Uebergang Potegrave gar auf 55 herabgefallen und man also auf ihr Obligation p. 100 fl. nur 55 oder gar 50 haben können.» — Aus diesen Gründen hielt man eine «positive» Ratification für nutzlos, weil, falls Spanien, Brandenburg und Holland das Ihrige nicht leisten könnten, Kurtrier auch zu den Gegenobligationen nicht verbunden wäre: Man beschloss die Ratification aufzuschieben, bis man dieser drei Stücke versichert sei. [1] Infolge dieser Nichtratification der Kurtrierschen Tractaten war der Rhein bis auf Weiteres für die deutsche Armee unüberschreitbar. —

Der Kaiser hatte — von seinem Standpunkte aus — in der That alle Ursache misstrauisch zu sein; denn trotz der beiderseitigen Ratification seines Vertrages mit Holland wollte das heiss ersehnte Geld noch immer nicht kommen. Es waren eben mancherlei dem Kaiser unbegreifliche Schwierigkeiten zu überwinden.

Am 13 December 1672 war zwar ratificirt worden, nach Lage der Dinge aber konnten die ersehnten Subsidien noch keineswegs sogleich fliessen; denn nun mussten die Obliga-

---

[1] Votum über des v. Goës Schreiben vom 6, 8 und 12 Januar 1673 d. d. Wien, den 30 Januar 1673. —

tionen erst hergestellt werden, auf welche das Geld erhoben werden konnte. Bedenkt man, dass zur Deckung der sofort zu zahlenden 200.000 thlr. einige Hundert — ganz besonders von Lisola verklausulirter [1] und daher nicht schon vor Abschluss des Vertrages anzufertigender — Obligationen geschrieben, von den betreffenden Staatsbeamten unterzeichnet und untersiegelt werden mussten, so war schon hierzu kein geringer Aufwand von Kraft und Zeit nötig. Anfang Februar 1673 hatte Lisola erst 113.000 fl. in Obligationen d. h. ein Drittel der stipulirten Summe erhalten; und durfte er wagen, bei einem Course von 70—75% zu verkaufen? [2] Dem Drängen des Führers der kaiserlichen Hilfstruppen, Montecuculi, auf Bezahlung konnte er nur dadurch genügen, dass er eine Anzahl Obligationen einem Banquier ad depositum übergab und dafür 10.000 thlr. erhob. Dem Spanischen Consul in Amsterdam — Jakob Richard — einem an der Amsterdamer Börse bekannten und geachteten Manne [3], trug er auf, auf die Course zu achten und bei dem nächsten Steigen derselben jene Obligationen den Betreffenden definitiv zu verkaufen. [4] Indess wollten die Course nicht wesentlich steigen und Lisola musste wiederholt Geld aufnehmen und dafür Obligationen ad depositum geben. Gewonnen wurde natürlich damit nichts; man behielt sich nur die Möglichkeit vor, eventuel einen höhern Cours zu erzielen. [5] Als daher die Generalstaaten versprachen — um dem Kaiser denn doch einiges Geld zu schaffen und ihn bei gutem Mut zu erhalten — einige Güter verkaufen zu wollen, wenn Lisola ihnen Käufer besorgen würde, erklärte er sich sogleich bereit dazu und suspendirte vor der Hand —

1 Ich komme auf diesen Punkt noch später zu sprechen. —

2 Lis. an Hocher, d. d. Amsterdam, den 14 Jan. 1673. —

3 Lis. an Hocher, d. d. Amsterdam, den 21 Jan. 1673: magnaeque in hac bursa famae et fidei etc. —

4 Ebenda. —

5 Lis. an Hocher, d. d. Haag, den 20 Febr. 1673. —

Mitte Februar 1673 — die Herstellung weiterer Obligationen überhaupt. [1]

Aber weder fanden sich bei solchen Conjuncturen Kauflustige, noch erreichten die langsam steigenden Course eine Höhe, bei welcher man ohne grosse Verluste hätte verkaufen können.

So fortwährend getäuscht in der Hoffnung auf die «schönen Subsidien», zu denen seine Minister auf die Nachricht von der vollzogenen Ratification des Vertrages ihm gratulirt hatten, kann man sich nicht wundern, dass der Kaiser endlich unwillig wurde. Sechs Monate seien schon vorbeigegangen, — klagte er in seinem Rescript vom 5 März an seine Gesandten — hingegen wären einige Gelder versprochen und abgeredetermassen noch nicht eingegangen; bei längerer Ausbleibung der Subsidien gehe die Armee unfehlbar zu Grunde, und aus eignen Mitteln könne er sie nicht länger erhalten. Lisola solle die Generalstaaten nachdrücklich ersuchen, besagte Subsidien nunmehr ganz unverlängt in richtigen Mitteln zu erstatten. Er trug seinen beiden Vertretern im Haag auf, dass Jeder besonders sein Gutachten darüber abgebe, wessen er sich eigentlich dieser Subsidien halber zu verlassen. [2] Denn — meinte der Kaiser — was nützen die Apochen, wenn man kein Geld darauf erhält; [3] er wollte seine Pläne darnach fassen. [4] —

Es ist nun charakteristisch nicht nur für ihre Personen, sondern für die Behandlung dieser Art von Geschäften in jenen Tagen überhaupt, wie beide kaiserliche Gesandte im Haag — Lisola und Krampricht — diesen Befehl ihres Kaisers ausführten. Jeder von ihnen repräsentirte dabei — so zu sagen — eine der beiden Richtungen, welche in politischer Sphäre damals diesem Holländischen Geldwesen gegenüber statthatten: die des

1 Ebenda. —

2 Kais. Rescr., d. d. Wien, den 5 März 1673. —

3 Kais. Rescr., v. 23 März 1673: Neque enim dictae Apochae, si nulla ex his pecunia haberi poterit, nobis proderunt; neque nos belli molem, si omnia in longum protrahuntur, sustineri valebimus. —

4 Ebenda. —

Misstrauens und der Zurückhaltung und — die der Fügung in das Unvermeidliche.

Krampricht sprach offenbar ganz aus der Seele des Kaisers, wenn er auf jenen Befehl hin dem Prinzen Wilhelm erklärte: Die kaiserliche Armee habe schon so viel geleistet, dagegen von den versprochnen Subsidien noch nichts genossen. Die gegebnen Obligationen seien von keinem Effect, da ohne grossen Verlust kein Geld darauf zu bekommen wäre. Die kaiserliche Armee könne nach so vielen ausgestandnen fatiguen von den papiernen Obligationen nicht leben, und der Kaiser sei nicht im Stande, die Kosten dafür länger zu tragen. Holland solle daher auf andre Mittel gedenken, den Kaiser zu bezahlen. Darauf der Prinz und Fagel: Sie hätten dem Tractat genug gethan, indem sie Obligationen gegeben. Baar Geld zu geben oder die Subsidien auf andre gangbare Mittel zu assigniren, könnte nicht geschehen; das baare Geld hätten sie nicht, die andern gangbaren Mittel müssten für Heer und Flotte verwendet werden und würden selbige nicht einmal genug erklecklich sein. Dass die Obligationen bis dato in keinen Credit gekommen wären, komme daher, dass die Auxiliar-Völker und ihre eigne Armee keinen glücklichen Success gehabt. — Krampricht konnte indessen in seiner Relation schliesslich nicht umhin, auch seinerseits die Ueberzeugung auszusprechen, dass baare Mittel unter den augenblicklichen Verhältnissen von der Holländischen Regierung in der That nicht zu beschaffen seien; und «wenn man Alles darauf conditioniren wollte, so würde man in Holland nur kleinmüthig werden und desto nothwendiger finden, sich zum dargebotenen Frieden zu verstehen.» [1] —

Lisola dagegen, welcher sich mit den Börsengeschäften längst vertraut gemacht hatte und als ächter Diplomat die Dinge zu nehmen verstand, wie sie nun einmal waren, erwiederte

---

[1] Rel. des Krampr. d. d. Haag, den 30 März 1673. —

ohne vorherige Rücksprache mit den Holländischen Staatsmännern dem Wiener Hofe — dasselbe, was der Prinz und Fagel dem Krampricht auf seine Ergiessungen gesagt hatten, aber noch viel energischer, als diese. In einem heftigen Schreiben vom 25 März 1673 an den kaiserlichen Minister Hocher beschwert sich Lisola noch einmal über die Kriegführung der kaiserlichen Armee, die weder Krieg noch Frieden bedeute: Die Holländer würden den Krieg gern fortsetzen und die Mittel ihnen nicht fehlen, wenn sie sich nur kräftig unterstützt sähen. Dadurch würde den Generalstaaten der Credit bei den Kaufleuten wiedergestellt, der jetzt völlig geschwunden sei. [1] In Amsterdam und den andern Städten sei Geld im Ueberfluss vorhanden, aber nur bei Privaten, welche bei so unglücklichem Fortgang der Dinge dasselbe zurückhalten. Man erkenne hieraus, dass die Grundlage von Allem darin beruhe, dass die Sache so gemacht werde, dass das Holländische Volk auf Besserung der Dinge hoffen dürfe. [2] In seinem Schreiben vom ersten April an den Kaiser in dieser Angelegenheit schlägt Lisola natürlich einen weniger heftigen, aber — im Hinblick auf seine häufigen Auslassungen in dieser Sache — doch sehr ironisch-schulmeisterlichen Ton an. Er setzte darin dem Kaiser untertänigst auseinander, dass die Subsidien der Holländer nur in Apochen gezahlt würden, deren Wert nach dem Fortgang der allgemeinen Ereignisse sich vermehrt oder vermindert, so dass ein bestimmter Wert derselben nicht anzugeben sei; und da derselbe bei den bisherigen schlechten Erfolgen des Krieges sehr gesunken, so habe er noch nichts von den Obligationen verkaufen, sondern nur eine Anzahl derselben ad depositum geben und dafür Geld aufnehmen können. Die Schadloshaltung

---

1 Lis. an Hocher, d. d. Brüssel, den 25 März 1673: per hoc enim restitueretur creditum Statibus apud negotiatores, quod jam in totum evanuit. —

2 Ebenda: ex quo apparet, quod fundamentum omnium in eo positum sit, ut ita res disponatur, ut populus Hollandicus sperare possit res deinceps melius successuras etc. etc. —

für den Verlust beim Verkauf habe Fagel wohl versprochen, aber die Zustimmung der Generalstaaten dazu sei noch nicht erfolgt. Würden die Dinge glücklich von Statten gehen, so werde man gleichwol beim Verkauf nichts verlieren, wenn unglücklich, so sei ein grosser Verlust zu erwarten. Bei diesem Mangel an Vertrauen bei den Kaufleuten würden die «Staaten» nicht lange mehr bestehen können. Das Hauptmoment liege also darin, den Waffenruf wiederherzustellen; sei das geschehen, so werde das Geld reichlich fliessen, was in Amsterdam noch in grösster Menge vorhanden sei. [1] — Tröstlich waren diese Berichte freilich nicht für den Kaiser. Mitte April hatte Lisola noch nicht einmal alle Obligationen beisammen, geschweige dass er bei den niedrigen Coursen auch nur den geringsten Verkauf hätte unternehmen können. [2]

So hatte denn der Kaiser den Zweck verfehlt, den er durch seine Verbindung mit Holland gesucht hatte. Seine Absicht war gewesen, im Hinblick auf die allgemeine Gestaltung der Europäischen Politik, namentlich im Hinblick auf das Uebergreifen Frankreichs und die Unabwendbarkeit eines Krieges mit dieser Macht eine Armee aufzustellen und sich — im Ermanglung eigner Mittel — dieselbe von den Holländern bezahlen zu lassen, zu deren Gunsten sie scheinbar agirte, um sie dann in dem geeigneten Momente, den der Kaiser noch nicht für gekommen hielt, zum Besten seines Hauses zu verwenden. Nun hatte er die Armee aufgestellt; aber grade indem er dieselbe seinen Absichten gemäss zurückhaltend die Feinde Hollands nicht thatkräftig bekämpfen liess, trat die für ihn unerwartete Folge ein, dass es den Holländern unmöglich wurde, ihren pecuniaren Verpflichtungen nachzukomen. Als

[1] Lis. an d. Kaiser, d. d. Brüssel, den 1 April 1673: Nec diu subsistere poterunt Status deficiente ipsis apud negotiatores fide ideoque praecipuum rei momentum in ea consistit, ut famam armorum restituamus, quo pacto redintegrata Statuum autoritate abunde pecunia fluet, quae Amstelodami adhuc est in maxima copia. —

[2] Lis. an Hocher, d. d. Brüssel, den 15 April 1673. —

der Kaiser über die Nichtzahlung der Subsidien klagte, musste er von seinen eignen Gesandten — sehr richtig — hören: Die kaiserliche Armee solle nur näher herankommen und handeln, so werde sie jede beliebige Summe erhalten können.[1] Eben das wollte er nicht. Aber indem er damit einer Entwicklung entgegenstrebte, welche natürlicher war, als seine egoistische wenn auch fein berechnete Politik, täuschte er sich durchaus in seinen Berechnungen, bei denen er die allgemein wirkenden moralischen Faktoren ausser Acht gelassen hatte. Dass die Zweideutigkeit seines Benehmens in Holland Misstrauen erzeugen würde, hatte der Kaiser nicht für möglich oder für gleichgiltig gehalten; dass dieses Misstrauen aber Creditlosigkeit seiner Bundesgenossen erzeugen, und diese wiederum ihn selbst um den erhofften Gewinn seiner schlau angelegten Politik bringen könne, hatte ausser dem Bereiche seiner Erwägungen gelegen: Die Amsterdamer Börse, in diesem Punkte die Repräsentantin der allgemeinen Interessen gegenüber den einseitigen und egoistischen des Kaisers, hatte die Absichten des Letzteren zu Schanden gemacht. —

Aber grade dieses Fehlschlagen der kaiserlichen Politik in Bezug auf die Holländischen Revenuen bezeichnet einen weiteren Fortschrift in der Entwicklung dieses eigentümlichen Geldwesens.

War bei den Verhandlungen zwischen Holland und dem Kurfürsten von Brandenburg im Mai 1672 die Baarzahlung in Holländischem Gelde noch als etwas Selbstverständliches in den Vertrag aufgenommen worden[2], so hatten die Ereignisse des Juni bewirkt, dass bei den nun folgenden kaiserlich-holländischen Bündnissverhandlungen die Baarzahlung der Subsidien zwar nicht von vornherein negirt, aber gleichwol in

---

[1] Lis. an Hocher, d. d. Haag, den 5 Dec. 1672 u. an denselben, d. d. Amsterdam, den 21 Jan. 1673. —

[2] § 12 des Vertrages vom 6 Mai 1672: „Ihre Hochmögenden sollen Ihre zu vorbesagter Unterhaltung requirirte quota mit dem Anfang eines jeden Monats prompt und in baarem Gelde in Hamburg oder Bremen zahlen etc.“ —

den beiderseits unterzeichneten Vertrag vom 25 Juli 1672 absichlich nicht aufgenommen, vielmehr in einem Nebenartikel [1] ausgemacht wurde, dass es den Holländern, «da ihnen die Baarzahlung zu Amsterdam oder Hamburg — wie in dem Vertrage bestimmt — unter den augenblicklichen Umständen und zu den bestimmten Terminen sehr schwer oder fast unmöglich fallen würde,» freistehen solle, dem Kaiser die fälligen Summen in Apochen oder Obligationen in gesetzlicher Form zu zahlen. Diese Nebenbestimmung wurde in die officiellen Zusatzartikel vom 22 September 1672 ausdrücklich aufgenommen und zu einem integrirenden Theile des Vertrages gemacht, — indem die kaiserlichen Gesandten in ihrer Unerfahrenheit die Obligationen noch zu ihrem Nominalwerte annahmen, und die Holländer sich natürlich hüteten, ihre Contrahenten über den Unterschied zwischen dem Nominal- und dem Realwerte ihres Geldes zu belehren. Aber noch vor der definitiven Ratification des Vertrages wurden den Letzteren die furchtbaren Verluste klar, welche sie auf diese Weise an ihren Subsidien zu erleiden gehabt hätten, und so erfolgte ihrerseits die endliche Vollziehung des Tractates am 13 December 1672 vorsichtigerweise nur unter der — mündlich zwischen den Unterzeichnern verabredeten — Bedingung, dass die beim Verkaufe der Obligationen entstehenden Verluste dem Kaiser nach dem Frieden ersetzt werden sollten. Aber wenn diese mündliche Verabredung auch im April 1673 [2] wiederum schriftlich fixirt wurde, so wog dieser spätere Ersatz den augenblicklichen Schaden — mehr als den vierten Theil der vertragsmässig zu zahlenden Summe und augenblicklich um so empfindlicher, je notwendiger der Kaiser das Geld grade jetzt zur Erhaltung der Armee brauchte — doch keinesweg auf, und der Kaiser verfehlte den bei der Holländischen Alliance gesuchten Zweck durchaus: Aber indem nun die allgemeine politische Entwicklung den Kaiser trotz

[1] Beil. I. —

[2] Beil. III. —

alledem bei der Alliance mit Holland festhielt, hatte man nach dem Misslingen des ersten und zur Inscenirung des zweiten Feldzuges — im Mai und Juni 1673 — nichts Wichtigers und Eiligeres zu thun, als über die Modalitäten der zukünftigen Subsidienzahlung auf neuer Basis zu verhandeln, nachdem die alte Art sich so durchaus mangelhaft erwiesen hatte. Es war nach den gemachten Erfahrungen nun eine naheliegende Consequenz, wenn der Kaiser — nach Lage der Dinge nun einmal genötigt, Obligationen als Zahlungsmittel anzunehmen — um die ganzen ihm zukommenden Summen sogleich und ohne Abzug zu erhalten, die Obligationen nicht mehr zu ihrem nominellen Werte mit dem späteren Ersatze der Coursdifferenz nehmen wollte, sondern verlangte, «dat de Staten in obligatiën zooveel zouden voldoen, als de waarde bedroeg van hetgeen zij baar hadden moeten betalen.» [1] Mit dieser Reducirung der Obligationen auf ihren Courswert traten die Holländischen Staats-Obligationen in die Reihe der Europäischen currenten Zahlungsmittel ein; der Courswert hörte auf, für eine vorübergehende Abnormität gehalten zu werden, und — das Definitivum in der Behandlung von Börsenpapieren überhaupt war damit erreicht. —

[1] Müller: Nederlands' eerste betrekkingen met Oostenrijk. Amsterdam 1370. pg. 67. —

Die Beziehungen Kurbrandenburgs zur Amsterdamer Börse.

Und betrachten wir einmal unter demselben Gesichtspunkte die Stellung des Kurfürsten von Brandenburg zur Amsterdamer Börse!

Der Kurfürst war berechtigt auf Grund seines Vertrages mit Holland, der noch vor dem Ausbruch des Krieges — im Mai 1672 — ratificirt worden war, die Subsidien in baarem Gelde — nicht in Obligationen — zu verlangen; und es konnte ihm völlig gleichgiltig sein, auf welche Weise die Holländer das baare Geld für ihn flüssig machten. Indem nun die Letzteren infolge der unerwartet unglücklichen Kriegführung das baare Geld nicht mehr aus ihren bisher immer vollen Kassen entnehmen konnten, sondern selbst erst von Privatleuten — gegen Obligationen — entleihen mussten, und indem ferner aus denselben Gründen obenein noch ihr Credit und dem entsprechend auch der Wert ihrer Schuldscheine immer tiefer und tiefer sank, so musste ihnen bei dem niedrigen Stande der Course die Bezahlung des Kurfürsten nunmehr ungeheuer viel grössere Opfer auferlegen, als bei Schliessung des Vertrages von ihnen in Betracht gezogen worden war. Lisola wusste in jeder Relation zu berichten, wie unglaublich schwer es der Holländischen Regierung wurde, Geld zu erhalten aus Mangel an jeglichem Vertrauen infolge der bisher so unglücklichen Kriegführung. Er erklärte es — wie wir sahen — für das Fundament einer besseren Entwicklung, derselben erst wieder Credit zu verschaffen. Und war der Kurfürst nicht mit Schuld an der Creditlosigheit der Holländischen

Regierung? Er war vertragsmässig verpflichtet, mit seiner Armee direct nach Holland zur Vertheidigung dieses Landes gegen die Franzosen zu marschiren: Indem er nun aber nicht nur nicht, wie verabredet war, den Holländern direct zu Hilfe zog, sondern im Gegentheil — statt die Franzosen energisch zu bekämpfen — in Gemeinschaft mit der kaiserlichen Armee und von dieser geleitet von Holland sich entfernend den Franzosen auswich und durch die moralischen Folgen dieser erbärmlichen Kriegführung es der Holländischen Regierung unglaublich erschwerte, ihren Zahlungsverbindlichkeiten nachzukommen, konnte man es der Letzteren verdenken, dass sie mit den Subsidienzahlungen an den Kurfürsten einhielt? Sollte sie den vertragsbrüchigen Bundesgenossen nur deshalb mit ungeheuren Opfern befriedigen, damit nur sie allein den Vertrag nicht zu verletzen schien? — Dass die Holländische Regierung im März 1673 dem Kurfürsten seit fünf Monaten keine Subsidien gezahlt, [1] ist verständlich, wenn man daran denkt, dass vor fünf Monaten — Anfang October 1672 — der Cours der Holländischen Obligationen auf 95°/₀ stand, und das Geld damals noch mit verhältnissmässig geringem Verlust zu haben war, während seitdem der Credit beständig gesunken und die Course nach der grossen Baisse infolge der unglücklichen Belagerung von Charleroi sich bis zum Abfall des Kurfürsten nur mit Mühe und Not auf 76°/₀ erhoben hatten. Es ist daher die volle Wahrheit, wenn der Ratspensionair von Holland, Caspar Fagel, am 1 April 1673 an den bei dem Kurfürsten von Brandenburg residirenden Staatischen Gesandten Amerongen als Antwort auf die bezüglichen Klagen des Kurfürsten schrieb: «Es ist wahr, dass die Subsidien nicht mit der vertragsmässigen Pünktlichkeit bezahlt worden sind; aber es ist auch wahr, dass der Herr Kurfürst seinerseits dem

[1] Urk. u. Aktenst. zur Gesch. des Kurf. Friedr. Wilh. von Brdbg. Bd. III. S. 373: Amerongen an d. Griffier d. d. Minden, den 3 März 1673. —

Vertrage nicht nachgekommen ist, wie er verpflichtet war, und dass diese Nichtleistung seinerseits sehr viel Ursache zu der von ihm gerügten schlechten Bezahlung gegeben hat, indem die Vereinigten Provinzen nicht disponirt werden konnten, in ihrer bittersten Not Gelder zu liefern, von denen sie so wenig Vorteil und Frucht sahen, zudem auch notorisch ist, dass der Geldmangel so gross gewesen ist und noch ist, dass man kaum Mittel ausdenken kann, um die Ausgaben zu tragen, und dass wir nicht in solche Not geraten sein würden, wenn der Herr Kurfürst kräftig agirt und wir dadurch einigen Athem hätten schöpfen können; also dass darauf der Credit sicherlich würde gestärkt worden sein.» [1] Wenn die Holländische Regierung aber im Geheimen glaubte, durch beständige Hinweisung auf das Sinken der Course die Bundesgenossen zum Handeln zu treiben, so erreichte sie ihren Zweck nur bei dem verständnissvollen kaiserlichen Gesandten Lisola, welcher in der That in jedem Schreiben nach Wien darauf hinwies, dass ohne kräftige militairische Actionen das Geld nun einmal nicht zu erhalten sei, dass dagegen die geringste Vorwärtsbewegung der Truppen durch ein Steigen der Course belohnt werden werde. Dagegen weder auf den Kaiser noch auf den Kurfürsten konnten Ermahnungen dieser Art irgendwelche Wirkung haben: Beide hatten zu geringes Verständniss für den engen Zusammenhang des Holländischen Credites mit ihren militairischen Diversionen oder gar für die Combination dieser beiden Momente zu politisch-militairischen Operationen. Der Kaiser wollte ausserdem zwar gern die Subsidien beziehen, aber nicht die Franzosen bekämpfen; und die letztere Absicht hob — wie wir sahen — die Erreichung der ersteren thatsächlich auf: Der Kurfürst dagegen wollte zwar vor allen Dingen die Franzosen bekämpfen und die Subsidien nur der

[1] Ebenda: pg. 382—3.

Notwendigkeit halber beziehen: Indem er sich aber an den Kaiser kettete, erreichte auch er seinen Hauptzweck nicht, und die Nichtzählung der Subsidien seitens der Holländer musste freilich auch ihm höchst unangenehm sein. In dem Schreiben vom $\frac{3}{13}$ Mai 1673, [1] in welchem der Kurfürst seinem ganzen Unwillen über die verfehlte Campagne noch einmal Luft machte, schob er die ganze Schuld dieses Misslingens auf die Holländische Regierung, welche ihm durch die Nichtzahlung der Subsidien ein kräftigeres Wirken und das Festhalten an der Alliance unmöglich gemacht habe. Er zählt ihr darin noch einmal alle seine Verdienste um die Vereinigten Provinzen vor: Er sei denselben *allein* beigesprungen, als sie sich in grösster Verzweiflung befanden; er habe die Feinde von ihnen ab und in seine Länder gezogen, die dadurch ruinirt worden seien, und obwol er gleich Anfangs die Werbegelder nicht richtig erhalten habe, so habe er, um die Armee richtig zu stellen, Domainen und Herrschaften versetzt und noch 6000 Mann mehr als verpflichtet gestellt. Nur allein darum könne er nicht umhin, Ihre Hochmögenheiten zu erinnern, wie fleissig und unablässig er sie dringender Not halben um richtige Bezahlung der accordirten Subsidien anhalten lassen «mit so deutlicher Vorstellung, was vor grosse Ungelegenheit Uns und der allgemeinen Sache daraus entstünde, wie die Armee dadurch zu Grunde gehen und alle gute Occasiones etwas vorzunehmen versäumet werden würden, sonderlich die so höchstnötige Magazinen dieser Misszahlung halber nicht angeschaffet werden können, da wir indessen den zu Unterhaltung der Garnisonen vorhandnen Vorrat mit der Armee consumiren und dadurch unsere feste Plätze in Gefahr stellen müssen». Aber auch darauf sei nichts erfolget als vergebliche Vertröstungen, «*auch oftermalen auf ganz nichtige unbegründete Zeitungen die Zahlung aufgehalten oder zum wenigsten*

[1] Lünig: Teutsche Reichskanzlei. Thl. III. pg. 31 sq. —

der Prätext davon genommen worden», ungeachtet er seine Westfälischen Lande darüber verloren. Alle seine Vorstellungen und Vorschläge habe man nicht beachtet, sodass es fast das Ansehn gewinnen wollen, als wann der Ruin seiner Armee, Verlust seiner Lande und der Untergang seines Staates der gemeinen Sache sehr vorträglich sein würde. Damit ihm nun ins Künftige nichts reprochiret werden könnte, habe er endlich den Freiherrn von Pöllnitz abermals [1] an Ihre Hochmögenheiten abgeschikt, Dieselben nochmals seiner Beständigkeit zu versichern, dabei aber gar bewegliche Ansuchung thun lassen, die versessne monatliche Subsidien alsofort zu zahlen. «Ob nun zwar darauf Dieselbe zur Resolution ertheilet, dass sie von Stund an zwei Monat auszahlen und zu denen übrigen auch Ansstalt machen wollten, so ist doch vorgedachter Freiherr von Pöllnitz kaum abgereiset gewesen, da man eben, wie vorhin, auf die geringste fliegende Zeitung [2] die Zahlung gehemmet und ausserhalb eines vor fünf Monaten schon fälligen Termins — die Ursache dessen ist bei Uns unergründlich — nichts erfolget, noch auch einige gewisse Anzeige geschehen, dass der Krieg hinführo mit besserm Nachdruck als wie bishero geführet werden möge, viel weniger andere Alliirte herbeigebracht worden.» Aus alledem habe er präsumiren müssen, dass Ihre Hochmögenheiten ihres Friedens schon versichert oder auch andre ihm unwissende Assistenz zu gewarten haben. Er habe daher, um seine Lande nicht in den äussersten Ruin zu stürzen und das Römische Reich vor fernerer Ungelegenheit zu schützen, ein accommodement mit Frankreich gesucht, um auf billige Conditionen Frieden zu machen. —

Mochten diese Beschuldigungen auch mehr ein diplomatischer Schachzug des Kurfürsten zur Bemäntelung der neuesten Wen-

[1] März 1673. —

[2] Hiermit sind ohne Zweifel die Ende März positiv auftretenden Gerüchte über den völligen Abfall des Kurfürsten gemeint. —

dung seiner Politik als ernstlich gemeint sein, [1] so enthielt dieser Vorwurf der Nichtzahlung der Subsidien auf die «geringsten fliegenden Zeitungen» hin und die hierauf gerichtete Begründung des Abfalls des Kurfürsten von der Holländischen Alliance in unbewusster Weise gleichwol eine Anerkennung des Einflusses der Holländischen Geldbörse auf die Brandenburgische Politik, wie sie klarer nicht ausgesprochen werden konnte. Die alliirten Truppen leisteten absichtlich nichts, und die Holländer zahlten nichts, eben weil Jene nichts leisteten; und Jeder schob die Schuld des Misslingens aller Unternehmungen auf den Andern. Es waren dies unvereinbare Gegensätze; und der Kurfürst konnte dieses unmögliche Verhältniss, welches für ihn darauf hinauslief, dass sein Vertrag mit dem Kaiser, welcher ihm die Ausführung seines Vertrages mit Holland ermöglichen oder zum mindesten erleichtern sollte, dieselbe grade im Gegentheil unmöglich machte, in der That nur dadurch lösen, dass er sich von seinen beiden Contrahenten gleichzeitig trennte und mit den Franzosen Frieden schloss. Soweit ihn die Nichtzahlung der Subsidien von Seiten Hollands — und dies geschah wie wir wissen in nicht geringem Grade [2] — zu diesem Schritte veranlasste, so weit empfand auch die Brandenburgische Politik den Einfluss der — Amsterdamer Börse.

---

[1] Vergl. hierüber Peter: der Krieg des Gross. Kurf. 1672—75. pg. 135. —
[2] Droysen: Preuss. Politik Bd. III. 3. pg. 429. —

Die Dänische Politik und die Amsterdamer Börse.

Am einfältigsten dagegen benahm sich der Gesandte derjenigen Macht, von welcher man ihres beständigen Handelsverkehrs mit Holland wegen am ersten ein Verständniss für Geldverhältnisse, wie sie sich damals in Holland ausbildeten, voraussetzen sollte, — der Dänische Gesandte.

Dänemark hatte im Jahre 1666 mit Holland, Brandenburg und den Fürsten von Braunschweig-Lüneburg eine Quadrupelalliance auf vier Jahre geschlossen. Da indessen König Friedrich III sich sehr bald in Bezug auf Zahlung von Subsidien von Holland benachtheiligt glaubte, so löste sich im Jahre 1670 die Alliance von selbst wieder auf; und Dänemark und Holland blieben fortan in feindlicher Spannung gegen einander. Als nun aber der Französisch-Holländische Krieg die Welt erschütterte und zu fürchten war, dass die übergreifende Macht Frankreichs auch auf die See sich ausdehnen könnte, und ausserdem der alte Feind Dänemarks — Schweden — in so auffälliger Weise sich auf Seiten Frankreichs stellte, so neigte sich Dänemark wie immer in solchen Fällen auf die Seite der Gegner Schwedens; eine Annäherung Hollands und Dänemarks erschien nun wieder im Interesse Beider, und man begann bald mit Unterhandlungen zu einem engeren Verhältniss, nachdem die Holländer sich praeliminariter bereit erklärt hatten, auch die früheren Forderungen des Dänischen Königs zu befriedigen. Wie beim Kaiser, so war auch für Dänemark die Erhaltung von Subsidien die Fundamentalbedingung, ohne deren Erfüllung es keinen Vertrag eingehen wollte.

Der modus der Zahlung trat also auch hier sogleich in den Vordergrund der Verhandlungen.

Der König von Dänemark sollte nach dem Wunsche der Holländer 14.000 Mann Landtruppen stellen und wollte dafür «proportionaliter ebensoviel» Subsidien, als der Herzog von Braunschweig-Celle für die Lieferung seiner 9000 Mann von den Generalstaaten erhielt, und da dieser baar Geld bekam, so beanspruchte auch der Dänische Gesandte baar Geld! [1] Aber nun hatte jener Herzog wie der Kurfürst von Brandenburg seinen Vertrag mit Holland zu einer Zeit geschlossen, in welcher für das Letztere die Bezahlung der Bundesgenossen in baarem Gelde noch selbstverständlich war, während seit Juni 1672 die Holländer nicht mehr baares Geld genug für sich selbst geschweige für Andre hatten: Diesen Unterschied der Zeiten wollte der Dänische Gesandte im Haag nicht anerkennen, indem er meinte, dass die Holländische Regierung, falls ihre Obligationen wirklich den betreffenden Geldwert haben, ja selbst das baare Geld dafür aufnehmen und den Bundesgenossen zahlen könnten; und er verhielt sich durchaus unzugänglich in diesem Punkte, bis der kaiserliche Resident Krampricht ihm auf eine derartige Äusserung einmal klar machte, dass die Schwierigkeit der Geldaufnahme für die Generalstaaten hauptsächlich darin läge, dass dieselben gesetzlich nur vier Procent Zinsen zahlen könnten, während die Kaufleute das Geld nicht unter sechs Procent hergeben wollten. Wenn also der König über die vier Procent, welche er von den Generalstaaten als Zinsen für die Obligationen erhalten würde, noch zwei Procent zulege, so fände er mit diesem geringen Verlust baar Geld genug in Amsterdam. Es würden somit freilich zwei Procent von den Subsidien abgehen; aber das sei eine geringe Sach; hingegen könne er mit der Hauptsumme zu jetzigen Zeiten dem gemeinen Wesen und sich zum

[1] Rel. des Krampricht d. d. Haag, d. 13 Oct. 1672. —

Besten grosse Sachen thun. [1] — Mit dieser Auseinandersetzung zeigte sich der Dänische Gesandte «vergnügt», und er begab sich in der That — um die von Krampricht erhaltnen Andeutungen sich bestätigen zu lassen und zur Einziehung weiterer Erkundigungen — Anfang October 1672 nach Amsterdam. Aber grade in diesem Moment erfolgte jene unmotivirte und unheilvolle Wendung der alliirten Armee nach Süden, welche in Holland so «schwere Gedanken» verursachte und die fast auf pari gestiegnen Course sogleich wieder um 20% herabdrückte. Das Resultat dieser Informationsreise war daher ein wenig zufriedenstellendes. Der Dänische Gesandte äusserte darüber zum kaiserlichen Residenten: Er hätte gemeint, in Amsterdam auf der Generalstaaten Obligationen mit Beitragung von zwei Procent über die vier Procent Gelder erhalten zu können; er müsse aber nunmehr das contrarium vernehmen, dass die Kaufleute bei jetzigen Conjunkturen, da sie noch nicht wissen, ob dieser Staat durch die Hilfe des Kaisers und des Kurfürsten von Brandenburg sich vom Ruin erretten werde oder nicht, nicht gesinnt seien, gegen sechs Procent und wenn es auch mehr wäre ihre Gelder herzugeben. Wenn sie aber sehen sollten, dass der Kaiser und der Kurfürst den Rhein passiren und für diesen Staat directe oder indirecte wirklich agiren würden, und dass man die Traktaten mit Dänemark und Lüneburg schliessen sollte, dann wollten sie ihre Gelder lieber um vier Procent als jetzt um sechs Procent auf Obligationen hergeben. — Krampricht fügte diesem Berichte in seiner Relation sehr richtig hinzu: «Es stehet also bei Ew. Kais. Maj. und Kurbrandenburg, wie auch bei Dänemark und Lüneburg diesen Staat in Credit zu setzen, dass er für alle seine Alliirte Geld aufbringen könne.» [2] Somit war das Zustandekommen des Dänisch-Holländischen Tractats auf die

1 Ebenda. —

2 Rel. des Krampr. d. d. Haag, den 1 Nov. 1672. —

Energie der kaiserlichen Politik und auf das Vertraun der Holländischen Kaufleute in dieselbe gesetzt — Fundamente, deren Festigkeit nicht allzu gross war. Und in der That schritten jene Holländisch-Dänischen Unterhandlungen ungefähr in demselben Maasse vorwärts, als die Operationen der verbündeten Armeen zu Gunsten Hollands — nämlich gar nicht. Nach jenen Erkundigungen des Dänischen Gesandten wollte man nun in Kopenhagen — zumal in Anbetracht jener unheimlichen Gerüchte über die hinterhaltige kaiserliche Politik zunächst auf die thatsächliche Vollziehung des Kaiserlich-Holländischen Tractates warten und dann erst einmal sehen, «was man aus den von den Generalstaaten anstatt Gelds versprochnen Obligationen für baare Effecten für Ew. Kais. Maj. wird negociiren können.» «Denn ohne baar Geld oder ohne Obligationen, auf die man baar Geld mit geringem Verlust erhält, wird man in Kopenhagen nichts resolviren» [1] — berichtete Krampricht am 17 November seiner Regierung nach Wien. Auch Lisolas Bemühungen, die Dänen gefügiger zu machen, wollten wenig helfen. [2]

Als dann im November 1672 die Ratification der kaiserlichen Tractaten auch noch von Seiten Hollands verzögert wurde, und die Course inzwischen immer weiter fielen, wurde auch der Dänische Gesandte immer spröder und erklärte schliesslich, keine Obligationen statt baaren Geldes annehmen zu wollen, «weil man auf der Generalstaaten Obligationen nicht mehr als 50—60% auf Hundert zu Amsterdam negociiren kann.» «Es habe zwar die Provinz Holland in specie mehren Credit, jedoch könne man auch auf ihre Obligationen nicht mehr als 80—85% auf Hundert bekommen» — äusserte er Anfang December zu Krampricht. [3] Er wollte

[1] Rel. d. d. Haag, den 17 Nov. 1672. —

[2] Lis. an Hocher, d. d. Haag, den 24 Nov. 1672: eos (tractatus zw. Dän. u. Hol.) quidem a reditu meo non parum promovi, sed isti ministri adeo duri sunt ac tenaces in materia pecuniae, ut arduum sit illorum vincere pertinaciam. —

[3] Rel. des Krampr. d. d. Haag, den 5 Dec. 1672. —

sehen, wie es dem Kaiser damit gehen würde.[1] Zwar wurde dann Mitte December doch noch ratificirt; dagegen aber erfolgte bald darauf Schlag auf Schlag der unglückliche Zug des Prinzen gegen Charleroy, der Marsch der Franzosen übers Eis auf Amsterdam und infolgedessen jenes furchtbare Fallen der Course, welches auch die kaiserlichen Gesandten fast mutlos machte. So fanden mit diesen Unglücksfällen auch die Dänischen Verhandlungen ihre natürliche Unterbrechung, und sie kamen erst wieder in Anregung, als nach einigen Wochen die Verluste sich geringer erwiesen hatten, als man gefürchtet, und durch das Hinzutreten neuer Momente die grosse Consternation in Holland sich wieder gelegt hatte. Dänemark hatte nun die Erfahrungen für sich, welche die kaiserlichen Gesandten in der Geldfrage hatten machen müssen, und auch die Bemühungen, mit welchen sie die Missstände der neuerdings von Holland beliebten Subsidienzahlungen hatten vermeiden wollen. Man glaubte daher in Kopenhagen bei den nun wieder aufzunehmenden Verhandlungen nicht Klügeres thun zu können, als das Zahlungssystem, welches der kaiserliche Gesandte Lisola von den Holländern für seine Regierung erlangt hatte, getreu nachzuahmen und womöglich zu verbessern.

So erklärte denn der König endlich, dem Unabänderlichen sich fügend, Obligationen als Zahlungsmittel annehmen zu wollen, wenn ihm — (nach Analogie des den kaiserlichen Gesandten gegebenen Versprechens) — der bei dem Verkauf derselben entstehende Verlust nach dem Frieden wieder ersetzt werde.[2] Und als die Holländer dem zugestimmt, und die Verhandlungen eben wieder in Gang gebracht waren, erklärte der König weiter — nicht früher sich in einen Krieg zu Gunsten Hollands einlassen zu wollen, als bis er die Garantie habe, dass seine Küsten vor den Engländern, denen

---

1 Ebenda. —

2 Rel. des Krampr. d. d. Haag, 23 Jan. 1673. —

er als Bundesgenosse Hollands ebenfalls den Krieg hätte erklären müssen, gesichert seien: Er verlangte dazu, dass entweder Holland eine besondre Flotte zum Schutze Dänemarks aufstelle, oder — in der Voraussicht, dass dies doch nicht geschehen könne, — man ihm die Mittel gäbe, diese Flotte selbst aufzustellen; er beanspruchte dazu — wieder in getreuer Nachahmung des kaiserlich-holländischen Vertrages — von den Subsidien sogleich eine Summe von 200.000 fl. ausgezahlt und zwar — in baarem Gelde. [1] Das zu bewilligen war aber den Holländern theils an und für sich theils wegen der daraus sich ergebenden Consequenzen unmöglich; [2] und — der König trat unter allen möglichen Ausflüchten von der Unterzeichnung des Vertrages mit Holland wiederum zurück. [3]

Dieser Rücktritt war ein schwerer Schlag für Holland; denn mit der Ablehnung Dänemarks war auch der Verlust eines andern bereits gewonnenen Bundesgenossen verbunden — des Herzogs von Braunschweig-Celle. Dieser Fürst hatte längst mit Holland pactirt, sich verpflichtet gegen gewisse Subsidien 9000 Mann zu liefern und sich nachträglich sogar noch zur Annahme von Obligationen statt baaren Geldes verstanden; aber nicht eher sollte sein Vertrag zur Ausführung gelangen, als bis auch Dänemark von Holland gewonnen sei. [4] Es ging mit dem Rücktritte Dänemarks den Holländern somit auch die Hoffnung auf eine andre nicht geringe Hilfsarmee verloren — augenblicklich um so empfindlicher, als diese beiden Bundesgenossen einen etwaigen Ersatz für den von der Sache Hollands sich wieder zurückziehenden Kurfürsten von Brandenburg abgegeben hätten: Mit dem Rücktritte des Herzogs quittirten —

---

1 Rel. des Lis. u. Krampr. d. d. Haag, den 6 Febr. 1673. —

2 Lis. an Hocher, d. d. Haag, den 20 Febr. 1673: sed ut pecuniam paratam hic accipiat, nisi a negotiatoribus supra obligationes res est plane impossibilis. —

3 Rel. des Krampr. d. d. Haag, den 16 Febr. 1673. —

4 Lis. an Hocher, d. d. Haag, den 24 Nov. 1672 u. den 20 Febr. 1673. —

den Kaiser ausgenommen — sämmtliche bisherige Bundesgenossen und Freunde die Verbindung mit Holland. Es war daher kein Wunder, dass der kaiserliche Gesandte Lisola im Interesse der Bekämpfung des übermächtigen Frankreichs und zu Gunsten seiner eignen Regierung sich alle erdenkliche Mühe gab, den Dänischen Gesandten im Haag zu einer besseren Meinung über die schwebenden Fragen zu bringen, um den Kaiser Frankreich gegenüber wenigstens nicht ganz allein zu wissen. Aber alle Ueberredungskünste, welche von der Lage der Dinge so wenig secundirt wurden, fruchteten nichts: Dänemark blieb reservirt. Es war klar, dass auch hier nur ausserordentliche Ereignisse — unerwartet glückliche Nachrichten vom Kriegsschauplatze einen Umschwung zum Besseren herbeiführen konnten theils durch die Erfolge an und für sich, durch welche zweifelhafte Freunde immer verbessert zu werden pflegen, theils durch das Steigen der Course und die Wiederherstellung des Credites der Holländer.

Da brachte in der Nacht vom 3 zum 4 März eine Staffette von dem Commandeur der kaiserlichen Besatzung zu Cöln, dem Marquis de Grana, ein angeblich von dem Brandenburgischen Minister Schwerin herrührendes Schreiben nach dem Haag des Inhalts, dass die Auxiliarvölker die Stadt Münster erobert hätten, dass 3 — 4000 Pferde des Feindes geschlagen und der Kurkölnische General Rénél gefangen worden sei, während der Bischof selbst verfolgt würde. — Noch in derselben Nacht theilte Krampricht diese frohe Botschaft dem Prinzen von Oranien und den befreundeten Gesandten mit, «worauf grosses Frohlocken allhie und folgends in andern Städten entstanden». [1] Auf der Stelle wurde seitens der Holländischen Regierung ein Monat Subsidien für den Kurfürsten von Brandenburg «angeschafft» und weitere Zahlungen in Aussicht gestellt: Man hoffte ihn dadurch wieder zu halten. Der Prinz traf allerseits entsprechende

---

1 Rel. des Krampr. d. d. Haag, den 6 März 1673. —

militärische Massregeln und mit ungewohnter Eile wurde beschlossen, einen Expressen — nach Dänemark zu schicken und daselbst folgende Anerbietungen zu machen: Holland wolle dem Könige zur Werbung und Unterhalt von 10.000 Mann proportionaliter ebensoviel Subsidien geben, wie dem Herzog von Braunschweig-Celle für 9000 Mann; man wolle ihm ferner zur Ausrüstung der Flotte den halben Theil erstatten und zwar in Obligationen, ihm jedoch den Verlust beim Verkaufe derselben nach Beendigung des Krieges ersetzen. Wolle der König aber lieber neutral bleiben und einen mediatorem abgeben, so wòlle man ihm etwas weniges an Subsidien geben, damit er desto besser auf allen Fall armirt stehe, dass, sofern Schweden oder sonst ein neuer Feind auftrete, er alsdann diesem Staat wirklich mit Assistenz zu Wasser und zu Lande beistehen sollte, dass er aber in diesem Falle den Herzog von Braunschweig disponire, seine Völker gleichwol mit den Holländern zu vereinigen oder sonst neben den Auxiliarvölkern zu agiren.[1]

Das geschah — im Gegensatz zu der sonstigen Schwerfälligkeit der Holländer — Alles in den drei Tagen vom 4—6 März! Freilich kam am 6 der hinkende Bote nach, indem die «ordinari-Post» brachte, dass jenes Schwerinsche Schreiben «malitiose imventirt» worden; aber gleichwol waren die Gemüter durch diese gute Zeitung wieder einmal «angefrischt» worden, nicht unbeträchtliche Summen Geldes erhoben, und die Unterhandlungen mit Dänemark wieder in Gang gebracht: Am 10/20 Mai 1673 wurde in der That in Kopenhagen ein Vertrag mit Holland auf der angedeuteten Grundlage unterzeichnet. Mit Behagen erzählen die kaiserlichen Gesandten von diesen Operationen. Obwol über den Urheber jener interessanten Depesche aus Köln keinerlei Notiz vorhanden ist, so legt der Hinweis auf diejenigen, denen diese Fälschung zu Gute kam — den Bemühungen Lisolas und der Holländischen Regierung, — und auf den Absender der Staffette, Marquis de

[1] Ebenda. —

Grana den guten Freund Lisolas, — die Vermutung wohl nahe, dass dieser Letztere und Fagel vielleicht gemeinsam den Rum dieses politischen Börsenschwindels in Anspruch nehmen dürften.[1] Die Beziehungen der Dänischen Regierung Holland gegenüber seit Ausbruch des Französischen Krieges sind somit ebenfalls zum guten Theil verständlich aus dem gleichzeitigen Verhalten — der Amsterdamer Börse. —

[1] Leider sind wir über den Stand der Course in den Tagen vom 4—6 März gar nicht unterrichtet, da auch Lisola sich in dieser Zeit sehr schweigsam verhält. Auffallend ist jedenfalls, wie diese Intrigue grade Dänemark gegenüber ausgebeutet wurde. —

Verschiedenheiten der Course und Obligationen.

Es was noch ein Punkt, welcher bei diesen Geldverhältnissen in Betracht kam, und welcher, wenn er auch nicht entscheidend ins Gewicht fiel, so doch von den Gesandten der Subsidialmächte mit grosser Aufmerksamkeit behandelt wurde: Die Verschiedenheit des Courses der von der Holländischen Regierung gebotenen verschiednen Arten von Wertpapieren.

Nach den Holländischen Staatsgesetzen hatten folgende Factoren das Recht Obligationen auszustellen: Die Generalstaaten als Vertreter der sieben Vereinigten Provinzen und jede Provinz für sich. Von den letzteren kamen infolge ihrer Besetzung durch die Franzosen drei nicht in Betracht: Sie konnten zu den Lasten der Landesvertheidigung unter den damaligen Verhältnissen natürlich nicht herangezogen, ihre Quoten mussten im Gegentheil den unbesetzt gebliebnen vier Provinzen auferlegt werden. Die Provinz Holland musste fortan statt 58% — 69,44 zu den Gesammtlasten des Staates beitragen; Seeland statt 9 — 11,62%; Friesland statt 11% — 13,50 und Groningen statt 5 — 5,44%.[1] Entsprach diese Vertheilung der Lasten der Leistungsfähigkeit und dem Reichtum dieser Provinzen, so war klar, dass die Obligationen der Provinz Holland allein durch Zahl und Wert die Börse beherrschen mussten. Durch Reichtum und Handel überragte diese Provinz derartig die übrigen, dass sie nach der Meinung Vieler im Stande war, auch ohne die übrigen und für sich allein zu existiren. Niemand

---

[1] Beil. zur Rel. d. d. Haag, d. 22 Sept. 1672. —

zweifelte daran, dass sie nach geschlossenem Frieden binnen kurzer Zeit wieder fähig sein werde, alle während des Krieges eingegangnen Verpflichtungen zu erfüllen. Die Provinz Holland zahlte z. B. ihrer Quote gemäss von den präliminariter dem Kaiser zu erlegenden 200.000 thlr. allein 136.000 thlr.; und Lisola schätzte ihre Obligationen immer 10—15% höher,[1] als die der andern Provinzen, welche viel weniger fähig erscheinen mussten, die furchtbar sich häufenden Schulden noch einmal decken zu können. Denkt man aber daran, dass auch die Obligationen der Provinz Holland nur einmal vorübergehend in einer Zeit besondrer Vertrauensseligkeit 95% erreicht, dann sich aber stets 15 und mehr Procent niedriger gehalten hatten so kann man den geringen Wert der anderen Obligationen darnach bemessen. Der Kaiser hatte also nicht unrecht, wenn er einmal seinen Gesandten befahl, aus den Obligationen die besten herauszusuchen und zu verkaufen.[2]

Ausser diesen provinciellen Obligationen kamen wie gesagt noch die Obligationen der Generalstaaten in Betracht. Es ist klar, dass der Cours derselben von allen der niedrigste sein musste. Denn wer konnte damals mit nur einiger Wahrscheinlichkeit behaupten, dass die verlorene Hälfte des Staates je wiedergewonnen werden würde! Der Gesammtstaat hatte am meisten verloren und — wie die Dinge damals lagen — am wenigsten von der Zukunft zu erwarten. War auch die Regierung, welche diese Verluste verschuldet, beseitigt, so hatte doch auch die neue des Prinzen von Oranien bisher nur Misserfolge aufzuweisen gehabt, und die theuer erkauften Bundesgenossen zeigten nicht den ernstlichen Willen zu helfen. Und wenn der Friede, wie es von den Feinden geplant war, mit der Hälfte des Staates und 30 Millionen Contributionen erkauft wurde, so war der alte Gesammtstaat der Sieben Vereinigten Provinzen vernichtet,

---

[1] Rel. Lis. d. d. Haag, d. 6 Febr. 1673. —

[2] Votum etc. d. d. Wien, den 7 Jan. 1673. —

und wer hätte die Erbschaft antreten und die von Jenem gemachten Schulden bezahlen wollen! Hätte der übriggebliebene Rest des Staates zu seinen eignen furchtbaren Verlusten auch die Verpflichtungen der verlornen Provinzen noch mitübernehmen können? So war denn auch in der That das Vertrauen auf die Möglichkeit der Einlösung der von den Generalstaaten eingegangnen Verpflichtungen ungefähr auf die Hälfte des früheren reducirt worden: Der thatsächliche Wert dieser Obligationen verhielt sich zu ihrem Nennwerte ziemlich genau so, wie der Umfang der verlornen Provinzen zum ehemaligen Gesammtstaate; er erhob sich selten über 55%, während gleichzeitig die Obligationen der Provinz Holland 80—85% galten! [1] Das Vertrauen auf die Zukunft der Provinz Holland war also um 30% grösser, als das Vertrauen auf die Zukunft des Gesammtstaates! Man begreift, welche Schwierigkeiten unter solchen Umständen die Gesandten der Subsidialmächte zu überwinden hatten, um die Summen aufzubringen, welche ihre Regierungen verlangten. Waren sie einmal nahe daran einige 80% zu erhalten, so galt auch dieser geringe Cours nur für einen Theil ihrer Subsidien — die Obligationen der Provinz Holland; die der andern Provinzen und der Generalstaaten waren unverkäuflich. Es gab eben nur ein Mittel diese Schwierigkeiten zu heben und den Obligationen den Wert zu geben, der ihnen zukam, — die Vertreibung der Franzosen aus Holland. Sehr richtig erwiederte daher der kaiserliche Gesandte Lisola seiner Regierung auf deren beständiges Drängen um Geld ebenso beständig: Im Interesse des Kaisers selbst könne er unter sotanen Umständen kein Geld gegen die Obligationen erheben; wenn aber die alliirte Armee am unteren Rhein erscheinen würde, so werde sie Geld im Ueberfluss finden. —

[1] Krampricht d. d. Haag, d. 5 Dec. 1672. —

Künstliche Steigerung der Course durch den kaiserlichen Gesandten Lisola.

Aber der Kaiser that sich — wie wir sahen — diesen Gefallen nicht; und Lisola, welchem selbst an der Bekämpfung Frankreichs mehr lag als seiner eignen Regierung, musste an andre Mittel denken, das Geld für die Armee trotzdem flüssig zu machen: So kam er auf die originelle Idee, den Wert der Obligationen — künstlich zu steigern. Den Anstoss dazu erhielt er, wie es scheint, von den Holländern selbst.

Als nämlich dieselben bei den Bündnissverhandlungen mit Lisola erklärten, die Subsidien für den Kaiser nur in Obligationen zahlen zu können, erkundigte sich der vorsichtige Gesandte — noch unkundig dieser Art von Bezahlung — bekanntlich erst bei einigen Kaufleuten, ob sie ihm auf dergleichen Wertscheine Geld geben würden, und sie gaben ihm darauf die Form an, [1] welche die Obligationen zu diesem Zwecke haben müssten. Lisola zeigte dieses Schema Fageln, welcher es guthiess und sagte, dass er wenn nötig gern noch kräftigere Verbindlichkeiten darin aufnehmen wolle. [2] Indem der kaiserliche Gesandte aus dieser Aeusserung erfuhr, dass die Form jener Staatsschuldscheine nicht eine einfürallemal feststehende, sondern je nach Gebrauch veränderliche sei, verwandte er nach eigenem Geständniss nunmehr ein ganzes Studium auf die Zusammensetzung der Obligationen, um sie durch Einschiebung gewisser Klauseln für seine Käufer ganz besonders

[1] Beilage II. —

[2] Lis. u. Krampr. d. d. Haag, den 22 Sept. 1672: se arctiores adhuc si opus foret ac validiores obligationes daturum. —

begehrenswert zu machen. [1] Noch im December nach der Ratification des Vertrages nahmen diese Bemühungen seine ganze Zeit in Anspruch; und er wusste es in der That dahin zu bringen nicht nur, dass Klauseln in sie aufgenommen wurden, kraft deren die Käufer seiner Obligationen frei sein sollten von der Zahlung des zweihundertsten Pfennigs, [2] und andrer Lasten, welche auf Käufe dieser Art gesetzt waren, [3] sondern auch dass die Zahlungen in «Bankgelde» geleistet werden sollten. [4] Den Vorteil des ersteren berechnete Lisola für sich allein zu 8%, den des letzteren zu 5%. [5]

Wenn nun aber alle von den Holländern ausgestellten Obligationen diese Vergünstigungen für die Käufer enthalten hätten — also z. B. auch die für Braunschweig und Dänemark berechneten, — so würde der Wert derselben wohl kaum dadurch erhöht worden sein, weil man die darin ausgesprochnen Privilegien als selbstverständlich augenommen und nicht besonders berechnet hätte, während diese Berechnung erst dann eintrat, sobald es Obligationen auch ohne diese vorteilhaften Klauseln gab. Wenn also die für den Kaiser ausgestellten, Obligationen allein jene Privilegien enthielten, so wurden sie allerdings dadurch besonders begehrenswert und mussten wegen der nur ihren Käufern gebotnen unmittelbaren Vergünstigungen

---

[1] Lis. a. d. Kaiser d. d. Haag, den 26 Dec 1672: ab eo tempore totum tempus consumpsimus in compilanda forma obligationum, quæ nobis a Statibus extradi debent pro solutione subsidiorum, ac ut eo facilius a negotiatoribus pecuniam elicere valeremus etc. etc. —

[2] Eine ausserordentliche Steuer, welche damals in Holland von Zeit zu Zeit von allen Eigentümern beweglicher u. unbeweglicher Habe, unter welchen die Besitzer von Obligationen und von Aktien der Indischen Compagnien ausdrücklich genannt werden, erhoben wurde. So z. B. laut der Edicte vom $\frac{14}{24}$ Juli 1672 u. vom $\frac{10}{20}$ Febr. 1673. Siehe Silvius a. a. O. pg. 537 ff. —

[3] Rel. Lis. vom 15 Dec. 1672: quod ii, cum quibus de hac summa conveniemus, immunes futuri sint a solutione ducentesimi nummi aliorumque onerum, quae super hujusmodi emtionibus imposita sunt, quod importabit ad minimum octo pro centum. —

[4] Ebenda. —

[5] Ebenda. —

auch höher im Course stehen, als die den andern Bundesgenossen gegebenen. Und in der That scheint Lisola diese Zugeständnisse nur für die kaiserlichen Subsidien und mit Ausschluss der andern Bundesgenossen erworben zu haben, denn er berichtet einmal mit besondrer Genugthuung: Seine Obligationen seien so eingerichtet, wie sie noch keiner der Bundesgenossen bisher gehabt habe oder haben werde [1] und wiederholt, dass sie bedeutend höher ständen, als alle übrigen. [2]

Aber auch hierbei beruhigte sich Lisola noch nicht; seine genaue Kenntniss aller Holländischen Verhältnisse zeigte ihm noch eine weitere Möglichkeit, das Aufnehmen des Geldes auf die Obligationen zu erleichtern.

Wie nämlich die Ausstellung der Obligationen für allgemeine Staatszwecke unter die verschiednen Provinzen vertheilt wurde, so wurde die betreffende Rate jeder Provinz innerhalb derselben wiederum nach einem gewissen Verhältniss unter die einzelnen Städte und Communen vertheilt resp. von deren Quaesturen acceptirt. Wie nun die Obligationen der Provinz Holland gegenüber denen der andern Provinzen das meiste Vertrauen bei den Kaufleuten genossen und im Course am höchsten standen, so hatte in Holland natürlicherweise — Amsterdam als reichste und grösste Stadt den meisten Credit. Sie musste zu den Staatslasten ihrer Provinz allein die Hälfte beitragen; die von ihr acceptirten Obligationen waren von allen im Cours befindlichen die bei weitem gesuchtesten. Lisola dachte daher sofort daran, zum mindesten alle von der Provinz Holland auszustellenden Obligationen von dem Quästorat der Stadt acceptiren zu lassen. [3]

---

1 Lis. an Hocher d. d. Haag, den 20 Febr. 1673: quod attinet obligationes, quas nobis dederunt tales sunt, quales nullus foederatorum hactenus habuit aut habiturus est; multa enim in iis inserta sunt privilegia pro iis, qui illas emturi sunt. —

2 Lis. an Hocher d. d. Brüssel, den 15 April 1673. —

3 Rel. d. d. Haag, den 15 Dec. 1672: ad ærarium Amstelodamense, quod vulgo Contoir vocant. —

Als Lisola sich dieserhalb an den Ratspensionair der Provinz Holland — Fagel — wandte und die Anweisung der ganzen auf diese Provinz entfallenden 136.000 thlr. von der dem Kaiser vertragsmässig sogleich zu zahlenden Summe auf das Aerar von Amsterdam verlangte, erklärte sich dieser patriotische Beamte ohne alle Umstände dazu bereit; und der kaiserliche Gesandte freute sich bereits sehr über alle diese glücklichen Speculationen und Operationen, als ihm unerwartet von einer Seite ein Widerstand geleistet wurde, welchen er nicht erwartet hatte. Als er nämlich seine wohlverklausulirten und an das Quaestorat von Amsterdam gewiesnen Obligationen dem Quästor dieser Stadt — Uytenbogaert — zur Acceptation vorlegte, verweigerte derselbe — Januar 1673 — deren Annahme rundweg aus folgenden Gründen: Die von Lisola präsentirten Apochen seien nicht in gewohnter Form abgefasst; und übrigens könne er über die Summe hinaus, welche der Stadt Amsterdam gesetzmässig zukäme, nichts acceptiren. [1]

Durch diese Einwendungen waren alle Bemühungen Lisolas um die Wertsteigerung seiner Obligationen in Frage gestellt, die Resultate wochenlanger Studien vergeblich; denn ohne die Acceptation des Quaestorates, welches diese Schuldscheine später einzulösen hatte, wären dieselben natürlich völlig wertlos gewesen. Lisola gestand selbst ein, dass die Weigerung des Quästors durchaus berechtigt war, aber auch dass ohne Ueberwindung derselben seine Obligationen auch nicht einen Pfifferling wert seien. [2] Indessen nur das Interesse des Kaisers im Auge und nach der Berechtigung der Einwände des Quästors nicht viel fragend wandte sich der kaiserliche Gesandte sogleich mit heftigen Beschwerden über diesen pflichttreuen Beamten an den Ratspensionair von Holland, Fagel, welcher — grösseren Wert legend auf die

[1] Rel. von 30 Jan. und 6 Febr. 1673. — Einige andre weniger bedeutende Einwendungen des Quaestors ubergehe ich hier. —

[2] Lis. an Hocher, d. d. Haag, den 6 Febr. 1673: sine qua (acceptatione) ne vel obolum recipere potuissemus. —

Befriedigung des kaiserlichen Gesandten als auf die strenge Geschäftsführung des Uytenbogaert, welche in gewöhnlichen Zeiten am Platze sein mochte, — diesen sogleich unter heftigen Vorwürfen nach dem Haag citirte, um ihn wegen der von ihm dem Lisola bereiteten Schwierigkeiten zur Verantwortung zu ziehen. Demütig bat dieser darauf den kaiserlichen Gesandten, ihn wegen seiner doch berechtigten anfänglichen Weigerung nicht weiter bei seinen Vorgesetzten zu verklagen und erbot sich nunmehr zu der gewünschten Acceptation. Lisola ertheilte ihm gnädigst Absolution — gegen das Versprechen, die bereits in Obligationen fertiggestellte Summe von 113.000 fl. sogleich zu acceptiren und in Zukunft keine Schwierigkeiten mehr machen zu wollen. [1]

Nun schritt Lisola in dieser Richtung noch weiter. Es war ihm längst klar, dass die ausser Holland vom Feinde befreit gebliebnen drei Provinzen der Brachlegung aller Intraden wegen ihre Beiträge zu den Subsidien auf dem gewöhnlichen Wege schwerlich so schnell und regelmässig, wie zu wünschen und ausgemacht war, würden aufbringen können; denn wenn die Obligationen auch leicht anzufertigen waren, so war das Geld auf sie um so schwerer zu erhalten. Lisola wollte daher das Manoeuvre, welches er soeben mit Amsterdam und der Provinz Holland erfolgreich versucht hatte, nun mit Holland und den übrigen Provinzen wiederholen, indem er von Fageln verlangte, dass — wie Amsterdam die Quote der Provinz Holland übernommen habe — diese letztere die Quoten der andern Provinzen zu den Subsidienzahlungen an den Kaiser auf deren spätere Wiedererstattung nach dem Frieden übernehme. Allein auf diesen Antrag erwiderte Fagel treffend: Man würde die andern Provinzen leichter dazu bringen ihren Theil dem Kaiser, als später der Provinz Holland zurückzuzahlen; und sie eventuell dazu zu zwingen, habe man weder das Recht noch Gewalt. [2]

[1] Lis. an d. Kaiser, d. d. Haag, den 20 Febr. 1673 u. an Hocher eod. d. —

[2] Rel. d. d. Haag, den 22 Sept. 1672. —

Lisola wollte dann eine Anweisung auf die liquidesten Einnahmen jener drei Provinzen:[1] Aber auch das scheint man abgeschlagen zu haben; denn der Gesandte musste sich schliesslich damit begnügen, die auf dieselben entfallenden Obligationen in seiner Weise mit möglichst verlockenden Klauseln zu versehen und zu versuchen, das Geld dafür in den betreffenden Provinzen selbst zu erheben, weil sie dort seiner Meinung nach einen etwas höheren Cours haben mochten als etwa in Amsterdam.[2]

Am allerwenigsten Lisola selbst täuschte sich über den Wert dieser künstlichen Steigerung der Course. Denn konnte er auch von Zeit zu Zeit mit Genugthuung nach Wien berichten, dass seine Obligationen sich immer um einige Procent höher hielten, als die der andern Bundesgenossen, so waren doch die allgemeinen Gesetze für das Steigen und Fallen der Course dieselben geblieben und trotz aller Verklausulirungen hatten die Obligationen Lisolas sich doch schliesslich nur mit Mühe und Not auf 80 Procent erhoben. Es hatte auch keine unmittelbare Wirkung, sondern stellte nur späteren Ersatz für den augenblicklichen Verlust beim Verkauf der Papiere in Aussicht, wenn Lisola von den Holländern das Versprechen verlangte und erhielt, diesen Verlust nach geschlossnem Frieden durch andre Obligationen ersetzt zu sehen:[3] Augenblicklich verlor man, und thatsächlich erhielt man die Summen nicht, welche man vertragsmässig erwartet hatte. Man kann sich daher nicht wundern, dass Lisola neben diesen — so zu sagen — legitimen Plänen zur Erreichung der notwendigen Geldsummen zur kräftigen Führung des Krieges nach damaliger Sitte auch einige abenteuerliche nicht von der Hand wies, sondern sie im Gegentheil sehr warm befürwortete. So schlug er einen Vertrag zwischen dem Kaiser und der Indischen Compagnie in Amsterdam vor, nach

[1] Rel. d. d. Haag, den 15 Dec. 1672. —

[2] Lis. an d. Kaiser d. d. Haag, den 20 Febr. 1673; und ders. an dens. den 1 Apr. 1673 u. an Hocher, d. d. Brüssel, den 15 Apr. 1673. —

[3] Rel. d. d. Haag, den 15 Dec. 1672. —

welchem der Erstere sich zu einer jährlichen bestimmten Lieferung von Quecksilber aus seinen Gruben in Oesterreich verpflichten und die Compagnie natürlich sogleich baar Geld dafür geben sollte. Lisola versprach sich goldne Berge hiervon und bat seinen Freund Hocher auf das dringendste, diese Sache mit dem Kaiser allein abzumachen und möglichst geheim zu halten, damit nicht politische Gegner dieses schöne Unternehmen vor seiner Geburt schon unmöglich machen könnten. Ebensowenig verschmähte er in besonderen Relationen, dem Kaiser einen Goldmacher sehr warm zu empfehlen, der mit einer Maschine Gold aus dem Sande absondern wollte. Allein weder der Kaiser noch die Indische Compagnie hatten Unternehmungsgeist genug, um in solchen Zeiten so umfassende Handelsofferten zu berücksichtigen; und den Goldmacher auch nur zu gewinnen, erklärte sich der Kaiser ausser Stande.

So ergriff denn Lisola mit beiden Händen ein Anerbieten der Staaten der Provinz Holland, welches — reeller als alle jene vorgenannten zusammengenommen — dahin abzielte, dem kaiserlichen Gesandten die gewünschten Gelder zu beschaffen und die Verluste, welche durch den Verkauf der Obligationen für Holland selbst entstanden, nach Möglichkeit zu verhüten: Die Staaten erboten sich, einen Theil ihrer Domainen zu verkaufen, falls Lisola ihnen geeignete Käufer besorgen wollte. [1]

Indessen auch hiermit scheint der kaiserliche Gesandte kein Glück gehabt zu haben. Zwar fand er bald einen anscheinend zahlungsfähigen Kauflustigen, mit welchem er zu unterhandeln begann; aber zu einem erfolgreichen Resultate mag er gleichwol nicht gelangt sein, denn er berichtet in seinen Relationen darüber nichts, — was er andernfalls wohl nicht unterlassen haben würde.

Um für alle diese Wünsche, Abmachungen und Versprechungen, von denen in dem kaiserlich-holländischen Haupt-

[1] Lis. a. d. Kaiser und an Hocher, d. d. Haag, den 20 Febr. 1673. —

vertrage natürlich kein Wort enthalten war, wenigstens eine rechtliche Grundlage zu erhalten, verfasste Lisola noch einmal ein Schriftstück von sechs Punkten, welches er Anfang April 1673 dem Prinzen von Oranien zur Unterzeichnung vorlegte, und welches ein klares Bild von dem damaligen Zustande der pekuniären Beziehungen der beiden contrahirenden Mächte liefert, — vier Monate nach der beiderseitigen Ratification des Bündnissvertrages. Lisola verlangte darin, dass die Provinz Holland und die andern Provinzen ihre Quoten zu der Summe von 200.000 thlr. nun endlich hergeben und zwar in Obligationen «mit allen möglichen exceptionen clausuliret»; dass der halbe Theil derselben fortan in Obligationen zu je 5000, der andre zu 2000 fl. ausgestellt werde; dass ferner die Provinzen entscheidende Beschlüsse fassen zum Verkauf von Domainen zur Bezahlung des Kaisers; dass die Herren Staaten «eine Recompenz für diejenigen versprechen, welche obgenannte Obligationen kaufen, damit man desto ehender Geld dafür bekommen könne — zum Exempel, dass diejenige, welche dergleichen Obligationen haben werden, in allen politischen und militairischen Aemtern sollen vorgezogen werden, wenn sie nur sonst capabel dazu sind;» «dass sie die Indemnität für alles dasjenige geben, welches Ihre Kais. Maj. bei Negociation des Geldes auf die Obligationen verlieren werden, und dass selbiges nach dem Frieden gezahlt werde.» — Der Prinz von Oranien schrieb bei den einzelnen Punkten seine Zustimmung an den Rand, und unterschrieb das Ganze am 12 April 1673. [1] Es war dies ein treffendes Bild der Lage Hollands nach dem Schlusse der ersten Campagne. Mehr konnte sich ein halb ruinirter Staat kaum noch bieten lassen. Während noch kurz vor dem Kriege die Kaufleute sich um die Holländischen Staatsschuldscheine als das bequemste Zahlungsmittel [2] für grosse Summen fast gerissen hatten, mussten jetzt den Käufern derselben von Staats wegen

[1] Beilage zur Relation des Krampr. d. d. Haag, den 13 April 1673. — Beil. III. —

[2] In Ermanglung anderen currenten Papiergeldes. —

unerhörte Versprechungen gemacht werden, damit sie sie nur nähmen. Dahin hatte dieser kurze Krieg den bisher unerschöpflich geglaubten Credit dieser reichen Handelsmacht gebracht, nachdem sich die natürliche Basis desselben gänzlich verschoben. Denn nicht mehr auf den gewinnbringenden Welthandel d. h. auf die eigne Thätigkeit und Energie als die einzig wahre Quelle des Reichtums und der politischen Macht Hollands basirte sich der Credit, sondern auf die allgemeinen weltbewegenden Ereignisse — auf Momente, welche ausserhalb des eignen Einflusses und aller Berechnung lagen. Dieser Ephemerität aller Berechnungen, Aussichten und Hoffnungen entsprach der Credit — die Course und umgekehrt: Die Beziehungen der Holländischen Börse zur allgemeinen Politik haben sich hieraus entwickelt. —

Ergebnisse.

Fassen wir nun die Hauptergebnisse dieser Darstellung noch einmal zusammen.

Die Vereinigten Niederländischen Provinzen waren durch ihren Handel nicht nur Europäische Grossmacht, sondern auch Europa derartig theuer geworden, dass nach des Kaisers eignem Ausspruch Europa nicht ohne sie mehr leben konnte, und dass, als zwei Grossmächte beabsichtigten diese Handelsmacht zu vernichten, zwei andre theils um ihrer selbst und theils um Europas willen sich gedrungen fühlten, für Holland einzutreten. Indem nun ein Hauptmoment aller mit Holland eingegangnen und einzugehenden Verträge die Subsidienzahlung Seitens der Holländer war, erhielten die eigentümlichen Geld- und Credits-Verhältnisse Hollands eine weitere Entwicklung, welche ihren Impuls nicht wie bisher dem Welthandel, sondern den Weltbegebenheiten entnahm. Der Credit Hollands wuchs und schwand in dem Maasse, als das Vertrauen der Amsterdamer Kaufleute stieg und fiel, durch Unterstützung Europas einen baldigen und ehrenhaften Frieden zu erhalten: die Weltbegebenheiten wurden maassgebend für den reellen Geldwert der von Holland ausgegebenen Wertzeichen.

Aber indem nun die Bundesgenossen die Schuldscheine, welche sie statt baaren Geldes als Subsidienzahlung erhielten, in Holland verwechseln wollten, wollten ihnen die Käufer dafür nicht mehr geben, als ihr Beistand denselben zur Erhaltung eines günstigen Friedens wert zu sein schien. Diese Taxirung des Wertes der Europäischen Unterstützung durch die Amsterdamer Kaufleute und die moralischen und praktischen Folgen, welche diese Taxirung wiederum bei den Bundesgenossen hervorbrachten, waren die — Rückwirkung der (Amsterdamer) Börse auf die Europäische Politik. Wir sahen, wie bedeutend diese Rückwirkung nach allen Seiten hin sich äusserte: Die kaiserlich-holländischen Verhandlungen wurden durch die Geldfrage noch im letzten Momente nicht unerheblich beeinflusst; die kaiserliche Armee, welche mit dem Gelde der Holländer erhalten werden sollte, ging infolge des Ausbleibens der erhofften Subsidien zu Grunde; die kaiserliche Politik wurde — in dem Falle mit Kurtrier — sogar nicht unerheblich in ihrer Entfaltung verhindert; der Kaiser verfehlte den Zweck der mit Holland im Jahre 1672 eingegangenen Alliance überhaupt. — Aehnlich, wenn auch nicht ganz so schlimm, war das Resultat dieses Einflusses beim Kurfürsten von Brandenburg. Dagegen liess sich der König von Dänemark ohne Zweifel nicht wenig durch diese eigentümlichen Geldverhältnisse von der Alliance mit Holland abschrecken. —

War in gewöhnlichen Zeiten dieser Handel mit Wertpapieren auf Holland beschränkt und nur in Holland bekannt gewesen, so verbreitete sich infolge der durch den Krieg zwischen Holland und den Europäischen Mächten erzeugten engen politischen Beziehungen die Kunde desselben nunmehr über ganz Mittel-Europa. Hatte der vielerfahrene Lisola, der an allen bedeutenden Höfen von Madrid bis Stockholm und Warschau gelebt hatte, bei den Bündnissverhandlungen mit Holland im Juli 1672 sich erst über dieses eigentümliche Geldwesen — als ihm bisher unbekannt — informiren müssen, so war wenige Monate nach dem Ausbruch des Französisch-Holländischen Krieges die Kenntniss davon bereits bis Kopenhagen und Wien gedrungen.

Aber überall — so gar in Holland selbst — zeigte sich noch das Anfängliche dieser Entwicklung.

Hatte man sich dort nach dem unglücklichen Beginn des Krieges in Bezug auf das Sinken des Wertes der Staatsschuldscheine sehr schnell in diese durch den Krieg hervorgerufenen veränderten Geldverhältnisse gefunden, so zeigte das rapide Steigen der Course Anfang Juli nach den frischen Unglücksschlägen auf ein blosses Gerücht hin und dann im September infolge des Vormarsches der Alliirten auf Coblenz zu noch eine Geneigtheit, die Werte wieder auf pari zu bringen, welche Uebereilung war und die Unerfahrenheit der Holländischen Börse in der Veranschlagung allgemeiner politischer Vorgänge noch sehr deutlich zeigte. Das erfolglose Hinschleppen des Krieges durch die faule Kriegführung der alliirten Armee — die Stimmungsnuancen, welche dadurch in Holland hervorgerufen wurden, waren erst die eigentliche Lehrzeit für die Amsterdamer Börse. Man lernte durch diese schlimmen Erfahrungen erst die Ereignisse taxiren. Und wenn dann die Course auch je nach den Ereignissen schwanken mussten, so wich doch die anfängliche Vertrauensseligkeit in der Wertschätzung günstiger Nachrichten und die Mutlosigkeit beim Eintreffen der häufigen Hiobsposten immer mehr einer nur die allgemeinen und wesentlichen Momente und Factoren in Betracht ziehenden Beurteilung der Conjuncturen. Schon die Hausse nach dem unglücklichen Gefecht der Alliirten gegen die Franzosen Anfang November 1672 und noch mehr das Steigen der Course nach dem unerwarteten Abfall des Kurfürsten von Brandenburg von der allgemeinen Sache zeigten eine Leidenschaftslosigkeit der Auffassung und eine Klarheit und Sicherheit in der Beurteilung der bei diesen Vorgängen in Betracht kommenden wesentlichen Momente, welche nichts mehr zu wünschen übrig liess.

Man kann auch keineswegs behaupten, dass die Amsterdamer Börsenmänner den Handel mit ihren Staatsschuldscheinen in Ermangelung oder als Ersatz für den unterdrückten Waarenhandel etwa mit Begierde ergriffen und betrieben hätten: Im Gegentheil suchten sie erst in übergrosser Vertrauensseligkeit schnell wieder die alten Pari-Verhältnisse herzustellen, erklärten — als diese durchaus nicht zu behaupten waren — den fremden Gesandten wiederholt, dass sie bei kräftiger Kriegführung der

Bundesgenossen ihr Geld lieber zu billigeren Bedingungen, als bei so fauler Unterstützung zu hoher Agiotage geben wollten und belohnten den ungebrochnen Mut ihrer Regierung und des Holländischen Volkes nach dem schimpflichen Abzug der Bundesgenossen in März 1673 mit allmählicher Hausse.

Als der gelehrigste Schüler der Holländer zeigte sich offenbar der kaiserliche Gesandte Lisola. Musste auch er sich Anfangs erst über dieses eigentümliche Geldwesen belehren lassen, so fand er sich darin so bald zurecht, dass er nicht nur nach wenigen Wochen schon seiner Regierung über alle bezüglichen Fragen unmittelbare Auskunft geben konnte, sondern dass man ihn sogar jenes interessanten politischen Börsenschwindels von Anfang März 1673 nicht ohne Grund bezichtigen kann.

Auch das sonst so schwerfällige kaiserliche Ministerium in Wien konnte nicht umhin, einige Kenntniss von diesen Geldgeschäften nicht von der Hand zu weisen. Man war bei den Bündnissverhandlungen in das Holländische Börsenwesen hineingekommen ohne recht zu wissen wie. Nur auf ein ziemlich unbestimmtes Gefühl von Notwendigkeit hin und ohne die Folgen dieser Entschliessung im Entferntesten zu ahnen, hatte man die bezüglichen Ratschläge Lisolas acceptirt: Wenige Monate nachher — bei Gelegenheit der Ratification der Tractaten mit Kurtrier — zog man auch in Wien für das Steigen und Fallen der Course die Witterung in Holland in Betracht und richtete darnach seine Pläne. Nur von der Dänischen Regierung ist schwer zu sagen, ob ihr ablehnendes Verhalten gegen die Annahme Holländischer Obligationen mehr auf unbelehrbare Unkenntniss oder auf bösen Willen zurückzuführen ist. —

Nicht die folgeweise Entwicklung eines friedlichen Handels, sondern ein plötzlich hereingebrochner Krieg und der infolgedessen unterdrückte Waarenhandel haben diesen Handel mit Wertpapieren — in untergeordnerte Weise in Holland bereits bekannt — binnen wenigen Monaten zu einer Vollendung geführt und ihm einen Charakter gegeben, welcher im Wesentlichen seitdem derselbe geblieben ist. Hatten vordem die Obligationen beim Verkauf nur den Besitzer, nicht ihren Wert verändert, so schwankte nachher der Letztere — in der Hand desselben Besitzers: Die Holländischen Staatsschuldscheine wurden nunmehr ein Handelsartikel, welcher wie jeder andre den Conjunkturen unterworfen war.

Das entscheidende Moment für diese Entwicklung war jene unglückselige and unerwartete Wendung der kaiserlich-brandenburgischen Armee nach Süden; — denn es ist klar, dass bei so energischer Fortsetzung der militairischen Operationen seitens der Verbündeten, wie es Anfangs schien, der Cours von Anfang October 1672 vollends auf pari gestiegen und in der Aussicht des baldigen und ehrenvollen Friedens sich auf dieser Höhe erhalten haben würde: Die Art der Bezahlung der Bundesgenossen würde infolgedessen bei den Verhandlungen Hollands mit den Mächten gar nicht mehr in Frage gekommen sein. Indem nun aber die Kriegführung der Verbündeten die traurige Lage, in welche Holland durch die Ereignisse des Juni geraten war, nur wenig zu bessern vermochten, behielten auch die Holländischen Staatsschuldscheine den entsprechenden geringen Wert; und die Schwierigkeit der Bezahlung der Bundesgenossen und alle daraus resultirenden politischen Schwierigkeiten waren hierdurch erst geschaffen: Jene veränderte Marschrichtung der alliirten Armee war somit der eigentliche Ursprung der Wechselbeziehungen der Amsterdamer Börse zu den allgemeinen und politischen Weltbegebenheiten. —

Mit dieser Entwicklung des Holländischen Geldwesens war ein neues Moment als wirkende Kraft in die allgemeine Politik eingetreten, die trotz des Misstrauens und der Unkenntniss, welche grade die leitenden Kreise der Europäischen Höfe dieser neuen Erscheinung entgegenbrachten, odere bendeswegen sogleich sehr wesentliche Wirkungen aufzuweisen hatte. Es musste und konnte wohl nur eine Handelsmacht wie Holland sein, deren ausgebildete Geldverhältnisse diese Art von Handel schon in der damaligen Welt erzeugen konnten; aber wie die Beziehungen der Europäischen Staaten sich damals entwickelt hatten, musste dieses Geldwesen seine Wirkungen über den ganzen Continent äussern.

Diese Entwicklung der Börse im modernen Sinne, die Verbreitung der Kenntniss des Handels mit Wertpapieren und die Beziehungen der Börse zur allgemeinen Politik — die Entwicklung des staatlichen Credites sind vielleicht das interessanteste kulturhistorische Resultat dieses Französisch-Holländischen Krieges. Die Börse ist seitdem ein Hauptfaktor der Weltpolitik geblieben. —

BEILAGEN.

I.

REVERSALES. [1]

Nos infrascripti Caesareæ Suæ Maj. Ministri declaramus, quod, quamvis foedere defensivo hodie inter Nos ex una et Deputatos Ordinum Generalium Foederati Belgii ex altera parte concluso expressum sit, foederatos Ordines ad rationem et deductionem pecuniæ ibidem promissæ in sublevationem auxiliorum militis a Cæsarea Sua Mte submittendi numeraturos Ambstelodami aut Hamburgi summam ducentorum millium thalerorum Imperialium vel proportionaliter ad numerum prædicti auxilii militis: Cum tamen habita moderni temporis ratione id ipsis difficillimum ac pene impossibile fore deprehendamus, hisce declaramus intentionem contrahentium hanc fuisse, quod casu quo Ordines Generales huic obligationi præfixo tempore minime possent satisfacere, liberum erit Cæs. Mti præfatam summam in ipsorum onus mutuo accipere, ad quam facilius acquirendum dabunt apochas et congruas assignationes tam communi nomine, quam in particulari scilicet Ordinum Hollandiæ Zelandiæ Frisiæ Groningæ et Umblindiæ sub promissione usurarum hoc tempore solum solitarum in optima forma ad integram Suæ Caes. Mtis aut eorum, qui mutuam pecuniam dabunt, satisfactionem, qua accepta præfati Ordines liberi erunt ab obligatione hujus summæ erga Suam Majestatem.

---

[1] Beil. F zur Relation des Lisola und Krampricht, d. d. Haag, den 28 Juli 1672. —

II.

CONCEPT VAN OBLIGATIE. [1]

Wij Ondergeschr., de Ed. Mogende Heeren gecommitteerde Raden van de Ed. Grootmogende heeren Staten van Hollandt ende Westvriesland, bekennen bij desen, wel ende deugdelijck schuldig te wesen aen . . . . . . ofte den thoonder van desen de somme van . . . . . te xl grooten t. pondt ten sake van contanten en gereede gelden, bij de voors. . . . . . . ofte den thoonder van desen ten dienste deser landen verstreckt, voort of bij het passeeren deser, tot behoeven, ende betalinge van eenige Auxiliaire Hoogduijtse troupen, volgens speciale Resolutie voor 't passeeren deser, bij haar Ed. groot Mog. Voorn^{t}. ende sijne Hoogheijt den Heere Prince van Orangie & als Stadthouder, en Capiteijn en Admiral en General te water ende te Lande, over Hollandt, Zeelandt ende Westvrislandt &^{a} opgenomen, Belovende d'voorst. Somme, precijselijck, ende vooren onvermaent, sonder eenigerhande Exceptien ter werelt ofte eenigerhande cortinge geene uijt en gesondert, cost schadeloos ende commercij buijten eenige rechtpleginge op te lossen en te betalen metten Interesse van dien, tegens den penning twintig int Jaer, ofte vijf guldens vant hondert totte effectuele aflossinge deser toe, de welcke teffens ende gelijckel., alsdan in eender somme sal moeten geschieden sonder onder pretex van Interesse te betalen de penningen langer te onderhouden, ten bij believen van den Rentheffer ofte den thoonder van desen, welcke voorst. capitale hooftsomme mette Interesse van dien, wij bij desen special. en wel expressell. ordonneren dat de Heer M^{r}. Marten Pauw ontfanger Generael over Hollandt en Westvrislandt ofte wel den ontvanger indertijt over Hollandt & ten vervaldage precysel. in maniere voorst. sal hebben te voldoen en te betalen sonder daer toe eenige naerder ofte speciaelder Acte ofte eenige ordre dan dese toe van nooden te hebben. En sal hem ontfanger over Hollandt inder tijt dese met quittantie overbrengende int doen sijner Reeckeninge special. over de Provintie van Hollandt voor goede betaling valideren.

Tot meerder versekerheijt van de betalinge van de vorst. somme metten interesse van dien totte effectuele aflossinge toe verbonden

[1] Beilage zur Relation des Lisola an den Kaiser, d. d. Haag, den 22 Sept. 1672. —

hebben, ende verbinden wij bij desen ten behoeven van de voornoemde . . . . . ofte den thoonder van desen alle des gemeene Landts incomen ende goederen en geene uijtgesondert waer en op wat plaatse dat deselve teeniger tijden bevonden sullen werden, alles ter goeder trouwe sonder eenige fraude, soo hebben wij dese nevens sijne Hooggemelte Hoogheit ondertekent gedaen in 's graven Hage den

III.

EINIGE PUNCTEN, WELCHE DER PRINZ VON ORANIEN AUFF ANHALTEN DES KRAMPRICHTS ZU MEHRER BEFÜRDERUNG DER VERFLOSSENEN UNDT KÜNFFTIGEN ASSISTENZ FÜR DIE KAIS. ARMEE IN MARGINE BEANTWORT UND UNTERSCHRIEBEN HAT. [1]

1°. Ich will procuriren dass dieses ohne Zeitverliehrung geschehe.	1°. Dass die Provinz Hollandt die übrige Obligationen wegen ihrer quote, so sie in denen 200 m. Reichsthalern schuldig hergebe. Dass die Zahlung obgenanter Obligationen auch auff dass comtoir dess Hr. Uytenbogaert ahngewiesen werde, undt dass die interesse davon zu einen halben Jahre zu dem anderen zahlt werden. Dass der halbe theil der obligationen gericht werde auff die summa von 5 m. und die andere auff 2 m. fl.
2°. Ich will procuriren dass diese Domainen verkaufft und oppignorirt werden.	2°. Dass die Herren Staaden von Hollandt eine resolution nehmen, umb einen Theil ihrer Domainen oder Cammergütter für einen billigen preyss nach der Zeit zu verkauffen, damit man sich des einen oder anderen mittel bedienen, undt desto leichter dass Gelt negocijren könnte.
3°. Die Obligationen sollen expedijrt werden ohne auffschub.	3°. Dass die andere Provinzen auch ihre Obligationen, so viell ihre quote betrifft, geben, undt zwar mit allen möglichen exceptionen clausulirt, damit man desto ehender Kauffleuth finden möge.

[1] Beilage zur Relation Kramprichts, d. d. Haag, den 13 April 1673. —

4°. Ich will mein ausserst thun umb diesen verkauff zu procuriren.

4°. Dass Sie auch eine resolution geben, umb ihre Domainen undt Cammergütter umb einen billigen preiss zu verkauffen.

5°. Ich nehme auff mich die Hrn. Staadten zu disponiren, dass Sie die alhie benente praerogativen zustehen.

5°. Dass die Herrn Staadten eine recompenz für diejenige versprechen, welche obgenannte Obligationen kauffen, damit man desto ehender gelt darfür bekomen könne, zum Exempel, dass diejenige, welche dergleichen Obligationen haben werden, in allen politischen undt Militarischen Embteren sollen vorgezogen werden, wann Sie nur sonst capabel darzu seint.

6°. Ich nehme auch auff mich, dass die Hr. Staaden die indemnitet undt alhic gemelte obligationes geben werden.

6°. Dass sie die indemnitet für alles dasjenige geben, welches Ihre Kais. Maj. bey negociation dess gelts auff die Obligationen verlieren werden, undt dass selbiges nach dem Frieden zahlt werde.

Welches nit allein auff die verflossne Subsidien, sondern auch auff die Künfftige zu verstehen, für welche man auch obligationen auff obgedachte weiss geben soll, alles zu dem endt, damit Ihre Kais. Maj. desto besser ihre armee unterhalten und auf 24.000 man verstärken könne, zum besten der gemeinen sach massen es im Tractat, welcher zwischen Ihrer Kais. Maj. und diesem Staadt gemacht ist, zu sehen.

Undt Wan Ihre Maj. die 24.000 man biss auf 30.000 man vermehren wolte, so will Ich auch procuriren, dass man deroselben die subsidien undt assistenz proportionaliter gebe, massen im Tractat verglichen.

Geschehen im Haag, den 12 April 1673.

G. Prinz von Oranjen.

IV.

COURSE DER OBLIGATIONEN DER PROVINZ HOLLAND AN DER AMSTERDAMER BÖRSE VOM MAI 1672 BIS APRIL 1673.

Vor Ausbruch des Krieges im Mai 1672	100°/₀
Nach den Ereignissen der ersten Hälfte des Juni—Mitte Juni.	30°/₀
Auf das Gerücht von des Prinzen Wilhelm Absicht Utrecht zu defendiren — Ende Juni	92—93°/₀
Beim Eintreffen der Nachricht von der Unwahrheit desselben.	0°/₀
Nach der Vorbereitung Turennes zum Abmarsch aus Holland zur Observirung der sich zusammenziehenden kaiserlich-brandenburgischen Armee — Anfang September.	60°/₀
Wirkliche Vereinigung der kaiserlichen mit der Brandenburgischen Armee bei Halberstadt und Abschluss des kaiserlich-holländischen Vertrages (22 Sept. 1672) . .	75°/₀
Heranmarsch der Alliirten von Halberstadt in der Richtung auf Coblenz — Anfg. October	95°/₀
Plötzliches Abschwenken derselben nach Süden zu — Ende October.	83°/₀
Nachricht vom Eintreffen der kaiserlichen Ratification des Holländischen Vertrages und Gefecht der Brandenburger mit den Franzosen bei Nassau — Anfg. November . .	85—87°/₀
Weiteres Ausweichen der Alliirten vor dem Feinde, Aufenthalt am Main, Verzögerung der Auswechslung der Ratificationen — Anfang December.	80°/₀
Endliche Auswechslung der Ratificationen am 13 Dec. 1672	83—84°/₀
Misslingen der Unternehmung des Prinzen gegen Charleroy und gleichzeitiger Vorbruch der Franzosen über das Eis gegen Amsterdam — Ende December	50—55°/₀
Eingetretenes Thauwetter und anhaltender Südwestwind — Mitte Januar 1673	76°/₀
Stilllager der Alliirten im Paderbornschen, Nichtaction derselben gegen die feindlichen Bischöfe von Köln und Münster — Anfang Februar	70°/₀
Scheinbares Zurückweichen Turennes vor den Alliirten am	

5 Febr. bei Werle, Fortsetzung des Marsches der Letzteren nach Norden — Mitte Februar	78%
Verfehlung der Cooperation der Alliirten mit dem Prinzen von Oranien, Einstellung der Bewegung der Ersteren gegen den Feind und schliesslicher Rückmarsch derselben nach Lippstadt, bevorstehender gänzlicher Abfall des Kurfürsten von Brandenburg von der Verbindung mit Holland, Bewilligung von 70,000 ℔ Sterling von Seiten des Englischen Parlamentes an den König zum Kriege gegen Holland — Anfang März	70%
Friedensverhandlungen des Kurfürsten von Brandenburg mit Frankreich, Rückmarsch der Brandenburger hinter die Weser und der Kaiserlichen nach Franken — Ende März	75%
Unter denselben Umständen — Mitte April 1673 . . .	80%

INHALT.

DRUCKFEHLER.

Seite IV,	Zeile 2 von unten	statt:	Ausschluss,	ist zu lesen:	Au*f*schluss.
» 5,	» 3 von oben	»	Frank*rich*,	» »	Frank*reich*.
» 5,	» 7 von oben	»	emanipirend,	» »	eman*c*ipirend.
» 26,	Anmerkung	»	*m*utantes,	» »	*n*utantes.
» 27,	Zeite 13 von oben	»	w*a*nn,	» »	w*e*nn.
» 88,	» 3 von oben	»	Rum,	» »	Ru*h*m.
» 105,	» 8 von oben	»	*a*nd,	» »	*u*nd.

» 105, » 3 von unten natürlich statt: odere bendeswegen, ist zu lesen: oder ebendeswegen.